Louis DUVAL

LA POSTE

À ALENÇON

et dans

le Département de l'Orne

avant et après la Révolution

ALENÇON

La Poste à Alençon et dans le Département de l'Orne

avant et après la Révolution

Extrait du *Bulletin de la Société Historique et Archéologique de l'Orne*
T. XXX, 1911, 3e et 4e Bulletins. — Tiré à 150 ex.

Louis **DUVAL**

LA POSTE

à ALENÇON

et dans

le Département de l'Orne

avant et après la Révolution

ALENÇON

IMPRIMERIE ALENÇONNAISE, 11, RUE DES MARCHERIES

(ASSOCIATION OUVRIÈRE)

—

1911

[illegible]

LA POSTE

à ALENÇON et dans le Département de l'Orne

avant et après la Révolution

I

La Place du Palais ou Siège de Justice

Les Alençonnais se sont réjouis en voyant enfin s'écrouler le haut pignon surmonté d'un chou frisé qui couronnait la façade de l'ancien Palais, parce qu'ils savaient que sur le même emplacement devait s'élever, d'après les dessins et sous la direction d'un habile et savant architecte, une construction monumentale et d'un caractère artistique, depuis longtemps réclamée pour l'installation du service des Postes, Télégraphes et Téléphones à Alençon. Mais peu d'entre eux peut-être ne s'imaginent pas ce qu'était jadis la place du Palais, et pourquoi elle fut jusqu'à la Révolution la principale place de la ville, c'est-à-dire le centre des affaires civiles et commerciales.

C'est là, en effet, que pendant des siècles, l'Echiquier d'Alençon, cour suprême et souveraine, jugea sans appel et en dernier ressort, comme l'Echiquier siègeant à Rouen ou à Caen qui fut remplacé par le Parlement de Normandie, toutes les causes civiles et criminelles du comté pairie d'Alençon, érigé en duché au commencement du xve siècle.

Après la mort de Marguerite d'Angoulême, sœur de François Ier, épouse en premières noces de Charles, duc d'Alençon et en secondes noces de Henri, roi de Navarre, le duché, comme on sait, fut réuni à la couronne. L'Echiquier fut alors supprimé et remplacé par un Siège Présidial, pourvu d'attributions spéciales et jouant le rôle d'une juridiction intermédiaire entre les bailliages, vicomtés et justices seigneuriales et la Cour du Parlement. Son installation fut faite en grande solennité, dans l'auditoire du Palais, le 30 octobre 1552, par un Conseiller au Parlement assisté d'un avocat de Rouen, pris comme témoin, en présence des échevins d'Alençon et des représentants des villes du ressort. Lorsque le bailli du roi au siège d'Alençon et ses lieutenants, l'avocat et le procureur du roi, les officiers des juridictions inférieures et même ceux des greniers à sel, eurent pris séance, le Conseiller au Parlement, président de l'assemblée, fit donner lecture des lettres patentes du roi portant nomination des magistrats du Présidial et prit ensuite la parole pour faire connaître et expliquer leurs attributions et le respect qui leur était dû : « le tout à l'honneur du roi » et comment l'idée de la justice était venue de Dieu (1).

Il est intéressant de rappeler que la grande salle du Palais fut bâtie à neuf par Henri II, roi de Navarre, devenu duc d'Alençon, par son mariage en secondes noces avec Marguerite d'Angoulême. Les rois de France Henri III et Henri IV firent également faire des travaux aux autres salles et chambres du Palais où siègeaient les officiers du bailliage et de la vicomté et les prieurs et juges Consuls, établis en 1710 pour connaître des causes entre négociants, en matière de commerce. Louis XIV, fonda lui-même, en 1636, une chapelle dotée d'une rente sur le domaine pour la célébration de la messe les jours d'audience, c'est-à-dire trois fois par semaine. La nomination du chapelain était faite alternativement par le lieutenant du bailli et par le président du Présidial.

La fête de saint Yves s'y célébrait avec une grande solennité, le 19 mai. On décorait la salle du Palais avec les belles tapisseries de l'église Notre-Dame, on sonnait les demies à midi ; la veille, le Curé de Notre-Dame avec son clergé s'y rendait pour y chanter les premières et les secondes vêpres. Le lendemain on se rendait processionnellement au Palais pour la messe haute. Les officiers du bailliage offraient le pain bénit à tour de rôle. Les oblations et les cierges du luminaire appartenaient au Curé, en dépit des murmures et des oppositions des chapelains qui prétendaient que cette chapellenie avait été fondée en titre de bénéfice (2).

(1) *L'Installation du Présidial d'Alençon*, 1552, par M. Guillemin, Bul. de la Soc. Hist. et Arch. de l'Orne, t. I, p. 152.

(2) *Belard*, p. 194-195.

Le Palais renfermait en outre, probablement dans ses combles, un précieux dépôt d'archives qui malheureusement fut en partie détruit lors de l'incendie qui s'y déclare en 1738. Il n'est pas douteux que cet accident ne nous ait privé d'un grand nombre de documents précieux et remontant peut-être au temps où l'Echiquier d'Alençon tenait ses séances dans le Palais.

Le Conseil du roi prit le 26 octobre 1773 une résolution qui devait être fatale à la place du Palais. La jouissance de tous ces bâtiments fut alors abandonnée à la ville, à la charge par elle de pourvoir à l'installation de toutes les juridictions dans l'enceinte du château, dont les dépendances lui furent en même temps cédées. Cette translation eut lieu en 1779. La chapelle dédiée à saint Yves, fut en même temps reconstruite dans les dépendances du nouveau Palais et la bénédiction en fut faite par Mgr Du Plessis d'Argentré, évêque de Sées, le 23 mai 1781. Pour les frais de ces constructions et de celles des nouvelles prisons, qui furent dès lors installées dans le donjon, une levée extraordinaire de deniers fut faite sur tous les sujets du ressort du bailliage.

La Mairie, établie au XVᵉ siècle dans la rue qui porte encore aujourd'hui ce nom et qui auparavant se nommait rue aux *Goguets*, avait été plus tard installée proche le Palais. Cet Hôtel de Ville fut reconstruit à neuf vers 1731, par M. de Lévignen, intendant d'Alençon. Sous le règne de Louis XVI, la ville qui avait été mise en possession des terrains dépendant du château, depuis 1773, résolut de faire construire sur la place même de ces terrains, dans le voisinage du nouveau Palais, un édifice digne d'elle. La première pierre en fut posée le 4 août 1783. L'ancienne place du Palais se trouva ainsi déchue successivement de tout ce qui lui donnait de l'importance. Le Palais lui-même fut vendu à un particulier qui convertit la salle du Présidial en une salle de spectacle dont l'ancien receveur des tailles, M. Castaing, grand amateur de théâtre et lui-même auteur de nombreuses compositions dramatiques, qui ont été jouées sur ce théâtre, en exécuta la décoration de façon à mériter les éloges des Alençonnais (1). On peut

(1) Odolant Desnos. *Mémoires historiques sur Alençon*, t. I et t. II, p. 462.

voir au musée d'Alençon le plan intérieur de la salle du Présidial, convertie en salle de spectacle, dressé par Delarue,
architecte de l'Hôtel de Ville d'Alençon (1).

Les exécutions des sentences criminelles avaient lieu le plus
souvent sur la place même du Palais, ou quelquefois sur le
lieu du crime. Elles étaient fréquentes, puisque de 1712 à 1732,
on ne compte pas moins de quatorze pendus et quatre roués,
sans parler des individus condamnés à la peine du fouet (2).
L'abbé Gautier, nous apprend qu'en 1805 on y exécutait
encore les condamnés à mort (3). Le pilori n'a même disparu
comme on sait qu'en 1847.

C'était également sur cette place qu'avaient lieu les publi-
cations d'édits et arrêts, sentences et ordonnances de l'Intendance, du Bureau des Finances et de la Municipalité. Là
aussi se faisaient les réjouissances publiques, à l'occasion
des évènements dont la nouvelle était notifiée aux magistrats :
victoires, traités de paix, naissances des princes de la famille
royale.

Sur la même place devait se trouver la maison où s'exerçait
le tabellionnage. On trouve en effet dans le Cueilloir du domaine
d'Alençon, nº 171, un article ainsi conçu : « René Langrune,
marchand, au lieu de Me Jean-Samuel Gillot l'aîné (4), tabel-
lion, pour la fieffe d'une place où est basti une maison où
s'exerce le tabellionnage d'Alençon, près le Pilori, au bout
des Halles, près la rue *Omage* (ou *Vinage*), 1 livre.

Spectacles forains. — Théâtre.

La place du Palais fut en somme jusqu'à la translation des
juridictions au château d'Alençon, le véritable forum de la

(1) Décoration intérieure de l'ancienne Salle de spectacle d'Alençon,
aujourd'hui démolie. Aquarelle à la plume, donnée par Godard (*Musée
d'Alençon. Catalogue des tableaux, dessins et sculptures, 1862*, nº 109. —
Catalogue du Musée d'Alençon, par Mary-Renard, 1900. Dessins et aqua-
relles, nº 277.

(2) Henri Chardon. *Scarron inconnu et les types des personnages du
Roman Comique*, t. II. p. 346.

(3) *Histoire d'Alençon*, p. 167.

(4) Le nom de J.-S. Gillot, notaire, vivant en 1645, donne la date de
cette reconnaissance de rente au domaine.

ville, et de promenoir aux bourgeois Blessebois, Alençonnais lui-même, dans ses *Aventures du Parc d'Alençon*, écrites vers 1670, déclare que leurs principaux amusements consistaient « à raisonner sur la gazette, à donner leur avis librement sur la nécessité de réformer l'Estat, à battre depuis le matin jusqu'au soir le pavé d'une place qui est devant le Palais (1) ».

Parmi les attractions que cette place offrait aux Alençonnais, on peut d'abord mentionner les *Marionnettes*. Ce spectacle qui, dans sa nouveauté, passionnait alors la foule, donna lieu en 1682, à un procès criminel, qu'on trouve dans les minutes du bailliage d'Alençon, aux Archives de l'Orne, série B.

Le 25 juillet 1699, Antoine de Villiers, sieur de Beunesse, trouva la mort dans une rixe à l'occasion d'une représentation donnée au théâtre. En 1707, des lettres de pardon furent accordées à Charles Apris, écuyer, sieur de Bonnière, capitaine de dragons au régiment de Villegagnon, à la suite d'un meurtre survenu dans les mêmes circonstances. Un tumulte se produisit sur la même place en 1713, le 2 juillet, lors de la fête donnée pour la publication de la paix d'Utrecht. Les opérateurs, comédiens ou employés du théâtre y tirèrent un feu d'artifice, après avoir donné une représentation de *Dom Juan ou le Festin de Pierre*.

Il peut être utile de rappeler que sous le nom d'opérateurs, on désignait alors une foule de gens de métiers divers. Corneille a dit :

> Il trafiqua de chapelets, de baumes,
> Vendit du mitrhidate en maître opérateur.

Opérateurs et banquistes marchaient d'ailleurs de pair, d'après H. Decremps, qui devait s'y connaître (2) :

A Auxerre nous logeâmes, par hasard, dans une auberge qui était le rendez-vous des *banquistes*. On entend par banquistes toutes sortes de gens qui vont de ville en ville, pour vivre aux dépens du public qu'ils attrappent. Les uns vendent de l'onguent pour la brûlure, les autres des clous rouillés pour guérir du mal aux

(1) A. Chardon. *Scarron inconnu*, t. II. p. 348.
(2) *Les petites aventures de Jérôme Sharp, professeur de physique amusante.* Bruxelles et Liège, F.-J. Desoer, 1790, in-8°, p. 163.

dents. Ceux-ci font voir un bœuf à la tête duquel on a industrieusement ajouté une troisième corne ; ceux-là montrent, pour de l'argent, un grand jeune homme habillé en femme, qu'ils appellent une *géante*. Il y en a qui vendent des cantiques de saint Hubert, avec un petit anneau, pour guérir de la peste et de la rage. Quelques uns vendent des bouts de suif qu'ils appellent de la graisse d'ours pour faire croitre les cheveux, etc.

L'auteur nous apprend ensuite que parmi ces banquistes se trouvait un directeur de théâtre qui, très mécontent de ses acteurs et de ses actrices, ne parlait de rien moins que de les égorger, mais il faut savoir que ces acteurs étaient des canards et des dindons qu'ils faisait danser au son de la flûte et du violon. Il rappelle enfin que Jean-Jacques Rousseau lui-même n'a pas dédaigné, dans sa jeunesse, de gagner honnêtement sa vie en faisant voir une fontaine de Héron.

Par opérateur, d'après l'ancien Dictionnaire de l'Académie, on entendait spécialement désigner « un charlatan qui débite ses remèdes et qui vend ses drogues sur la place publique. »

En tous cas, ceux qui tirèrent le feu d'artifice sur la place du Palais en 1713 étaient bien des comédiens et non des charlatans. Mais on sait qu'à cette époque, les deux corporations étaient généralement confondues, c'est-à-dire que les charlatans se montraient souvent sur les places publiques escortés non seulement de compères qui exécutaient des momeries, mais de véritables acteurs jouant des scènes sur un théâtre. C'est dans cet appareil et sur un vrai théâtre qu'on vit, dit-on, le fameux Barry opérer en pleine foire comme débitant de drogues et comme chef de troupe, mis en scène dans le *Voyage de Guibray, avec l'histoire du fameux Barry*, 1704, petit in-12. La foire de Guibray, illustrée par le curieux dessin de François Chauvel, gravé par Cochin, en 1658, était alors dans tout son éclat et poètes et romanciers s'étaient emparés de ce cadre. En 1696, Regnard avait fait représenter une comédie en vers, avec divertissement sous le titre du *Bourgeois de Falaise*. En 1697, Lenoble publia les *Aventures provinciales ou le voyage de Falaise*, nouvelle divertissante dédiée à M. de la Bourinière, gentilhomme et poète normand (1). M. Henri Chardon suppose, que le

(1) Quel était ce M. de la Bourinière ? Nous l'ignorons.

Voyage de Guibray, publié en 1704, peut être du même auteur (1). Amédée Mériel, au contraire, dans son *Histoire de Falaise, Foire de Guibray* (Bellême, Levayer, 1889), affirme positivement que cette histoire, ou plutôt ce roman comique dédié à messire François-Joseph de Marguerite, seigneur de Versainville, Guibray, Estrées-la-Campagne et autres lieux, Conseiller au Parlement de Normandie, dont il a reproduit le texte, d'après l'exemplaire que possède la bibliothèque de Caen, est l'ouvrage de M. Bellenger des Fresneaux, Conseiller et Procureur du roi, en l'Hôtel de Ville ou au bailliage de Falaise (2).

M. Chardon fait remarquer encore que le *Voyage de Guibray* et *l'Histoire du fameux Barry* peuvent avoir été composées à l'occasion de la comédie de Dancourt, *L'Opérateur Barry*, représentée en 1702 (3).

On sait que la troisième partie du *Roman Comique* a pour auteur Jean Sigault, secrétaire de Ménage, prébendier du Mans, à la suite de Scarron. Or on y lit qu'en quittant la ville du Mans, les comédiens de la troupe prirent la route d'Alençon, à l'ordinaire (4) : « J'ai dit, à l'ordinaire, car ces sortes de gens (comme beaucoup d'autres) ont leur cours limité, comme celui du soleil dans le zodiaque. En ce pays là, ils viennent de Tours à Angers, d'Angers à La Flèche, de La Flèche au Mans, du Mans à Alençon, d'Alençon à Argentan ou à Laval, selon la route qu'ils prennent de Paris ou de Bretagne (5) ».

Nous savons, d'autre part, que les habitants de Sées de même que ceux d'Alençon (6), d'Argentan et de Falaise, passaient, dans ce temps là, pour avoir le goût du théâtre.

(1) H. Chardon. *La troupe du roman comique*, dévoilée et les comédiens de campagne au xviie siècle. Paris, H. Champion, 1876, p. 142.

(2) En 1706 Guillaume-François Bellenger, sieur de la Grivagère, était conseiller et avocat du roi à Falaise. (A. Mériel, *Histoire de Falaise, foire de Guibray*, p. 66.

(3) Chardon. *Scarron inconnu et les types des personnages du Roman Comique*, t. II. (Paris, H. Champion, 1804).

(4) Chardon. *La troupe du roman comique*, dévoilée et les comédiens de campagne au xviie siècle. Paris, H. Champion, 1876, p. 41.

(5) *Roman comique*, troisième partie, chap. 1er.

(6) Mme Gérasime Despierres. *Le théâtre et les comédiens à Alençon au seizième et au dix-septième siècle.* (Mémoire lu à la réunion des Sociétés des Beaux-Arts des départements, le 10 juin 1892.)

Hugues Quéru, d'une bonne famille de Sées, ne parut pas déroger en montant sur le théâtre et en y chantant des couplets des plus salés. Chrétien des Croix, d'Argentan, vît ses tragédies jouées chez son ami Claude Doinel, sieur de la Saucerie, à la Saucerie de la Haute-Chapelle, à la Saucerie d'Argentan et au Hamel de Marmouillé sous Henri IV. On vit à Alençon, Le Hayer du Perron, faire paraître en 1633 ses *Heureuses Aventures* ; puis Nicolas du Perche, avocat, fit imprimer à Rouen les *Intrigues de la vieille tour de Rouen et Rosemonde*, en 1640, et plus tard la comédie de l'*Ambassadeur d'Afrique*.

La tragédie de *Polyeucte* inspira à Marthe Cosnard, de Sées, celle des *Chastes martyrs*, qui fut imprimée vers 1650 et dont le grand Corneille salua l'apparition par quelques vers galants à l'adresse de « Mademoiselle de Cosnard de Sées » que M. de La Sicotière a surnommée, avec assez d'à-propos, « Vierge et martyre ».

Hortense des Jardins de Villedieu, fille du vice-bailli d'Alençon, soutint avec plus de vigueur et même avec un réel talent l'honneur du sexe, dans son *Manlius Torquatus*, qui fut représenté dans les premiers jours de mai 1662, sur le théâtre de l'hôtel de Bourgogne, avec le plus grand succès. Les rapports d'Hortense des Jardins avec Molière, sur le théâtre duquel fut jouée en 1665, sa pièce du *Favori*, sont connus et d'après Gustave Le Vavasseur, l'acteur du Fresne, d'Argentan, en aurait été l'intermédiaire.

Deux ans auparavant fut imprimée à Caen la *Mort burlesque du mauvais riche*, de G. N. Les Isles Le Bas, originaire de la Carneille, réimprimée à Rouen. En 1664, une autre tragédie du même auteur, le *Royal martyr*, fut imprimée à Saint-Lô et réimprimée plusieurs fois à Caen. Sa pièce intitulée *Air enjoué* fut publiée sans date ni nom d'imprimeur. Il en fut de même de sa satire intitulée *les Hust*, dirigée contre les protestants qui excita contre lui la colère d'Élie Benoist,

---

(1) *Les dramatiques Ornais*, par Gustave Le Vavasseur.— *Hortense Desjardins, sa vie et ses œuvres*, par le même, Bul. de la Soc. Hist. et Arch. de l'Orne, t. XI, 1892 : t. XII, 1893. — *Une muse normande inconnue, Mlle Cosnard, de Sées*, Ibid., t. III, 1884. — *Histoire du canton d'Athis*, par le comte Hector de la Ferrière.

pasteur de l'église réformée d'Alençon, et dont le Parlement interdit la vente aux libraires.

Quant à l'auteur, il dut se tenir caché à Caen et renoncer à l'art dramatique, aussi bien qu'à la satire.

Les passions religieuses étaient alors fort excitées. En 1662, elles donnèrent lieu à Sées, à propos du théâtre, à des scènes scandaleuses, qui devaient avoir les conséquences les plus graves. Le théologal de Sées, Jean Le Noir, passait, à tort ou à raison, pour janséniste. L'évêque au contraire, Rouxel de Médavy, prélat de cour, était d'un caractère opposé et nullement enclin au rigorisme. C'est ainsi qu'aux fêtes de Noël de cette année, il ne fit pas difficulté d'autoriser des acteurs à dresser un théâtre sur la place même de la cathédrale, à la condition expresse toutefois qu'il ne s'y passât rien contre la décence. Or, d'après une plainte adressée plus tard au nom du théologal, par un chanoine de ses amis, il paraîtrait que les acteurs, « au préjudice de la défense, ne laissèrent pas de donner au public des pièces impudiques. » Le théologal dont la maison était dans le voisinage en dut souffrir d'autant plus, qu'alors il était alité. Aussi dès qu'il put remonter en chaire, il ne manqua pas d'en parler avec son énergie ordinaire dans ses sermons. Il arriva alors que les habitués du théâtre et les comédiens, au lieu de tenir compte de cet avertissement, excitèrent contre le prédicateur « une tempeste de quinze jours et autant de nuits, dont je suis témoing, dit le plaignant, le plus scandaleux qui fut jamais, avec des tambours et des trompettes, et des clameurs d'enfer, dansant et de jour et de nuit devant l'église cathédrale et la maison du sieur théologal, chantant des chansons contre luy, vomissans mille injures contre son honneur et celuy de son ministère, ayant mis le feu mesme au pied des murailles de sa maison, demandant des fusils pour tuer ceux qui paraissoient à la fenestre, on sorte que ledit sieur théologal, contraint de céder à la violence, fut forcé d'abandonner son logis et sa résidence au grand regret de tous les gens de bien (1) ».

Ce qu'il y eut de plus fâcheux, c'est qu'après ces insultes,

____

(1) *A Mgr l'archevêque de Rouen... Nicolas Brodin, prestre, chanoine...* 3 *mai* 1667, petit in-folio de 78 p.

la conduite du théologal trouva des censeurs qui prirent à tâche de l'incriminer, si bien que l'évêque lui-même crut voir un attentat contre son autorité dans le zèle avec lequel il s'était efforcé de réprimer la licence et l'effronterie des comédiens. Sur sa plainte, une lettre de cachet, qui reléguait Jean Le Noir à Fougères, fut expédiée le 14 mars 1663.

Cette décision de la Cour, qui semblait donner raison aux comédiens et à leurs partisans contre le théologal, ne laissait à celui-ci d'autre parti à prendre que de se soumettre. Malheureusement la hauteur de son caractère ne lui permit pas de l'adopter. C'est ainsi qu'à force de s'entêter dans sa résistance il finit par mourir détenu dans le château de Nantes, après avoir subi pendant de longues années un traitement aussi rigoureux que celui réservé aux plus dangereux criminels.

Il est à noter qu'on voit alors des noms de comédiens figurer avec honneur dans les registres de catholicité de Notre-Dame d'Alençon. Le 26 mai 1667, Nicolas Auzout, comédien de la duchesse d'Orléans, et Marie Marconro-Beaulieu, de la même troupe, présentèrent au baptême, en qualité de parrain et de marraine un enfant né du ménage de Laurent de Mengeot, leur camarade et d'Anne Barbé, également comédienne. Le 12 août 1685, Pierre Chevalier, prêtre de la même église, bénit le mariage de Jacques de Brière, sieur d'Alidor, de la compagnie des comédiens de la Reine, et celui de Hipp. Gille, de la même troupe, en présence de leurs camarades Lamy de Brouthier, sieur des Rosières, Richard Desmaresle, Nicolas Praslin, Jean Berger et Jean Husson, dont la signature figure sur le registre.

On voit par là que l'auteur de la troisième partie du *Roman comique* ne s'est pas écarté de la vérité, en représentant le prieur de Saint-Louis, à Alençon, obtenant de l'évêque de Sées, la permission de bénir les mariages de Léandre et d'Angélique, de Destin et de Mlle de l'Estoile. Comme l'a si bien dit M. Chardon, il s'est montré simplement chroniqueur exact et bien informé dans le chapitre curieux qu'il a consacré à Alençon.

Le successeur de Rouxel de Médavy, Jean Forcoal, issu d'une famille calviniste, originaire des Cévennes, n'était pas d'humeur à voir les comédiens dresser des théâtres dans son diocèse. L'année même qui avait suivi sa prise de possession, il avait fait publier des Statuts pour le rétablissement de la discipline ecclésiastique dans toute sa rigueur. Or il arriva qu'en juillet et août 1680, des comédiens vinrent, à l'ordinaire, faire un séjour à Alençon, pour y donner des représentations. L'un d'eux étant tombé malade, y mourut le 5 août, au faubourg de Cazault. Il se nommait Henry de Saint-Héran, et était originaire de Pau. Un des capucins d'Alençon, le P. Nicolas, l'assista à ses derniers moments et lui donna l'absolution, du consentement du curé Pierre Chenard, mais celui-ci crut de son devoir d'en référer à l'évêque au sujet de la sépulture. Un ordre formel arrivé le lendemain, interdit l'inhumation dans la forme ordinaire, avec l'assistance du clergé, « à raison de la profession infâme dudit sieur de Saint-Héran, bouffon et farceur public, montant sur le théâtre (1) ».

Heureusement le bon P. Nicolas d'Alençon avait quand même absous le pauvre Saint-Héran. Le même cas se présenta le 13 août ; un autre comédien de la troupe, Pierre Cassan, tomba à son tour malade, et fit appeler un des prêtres habitués de Notre-Dame, Pierre Chevrel. Mais celui-ci avant de lui administrer les sacrements, fut obligé de requérir les notaires d'Alençon de se transporter au domicile du moribond, au faubourg Saint-Blaise, pour y recevoir sa renonciation à sa profession de comédien, ainsi conçue :

A déclaré, en présence du sieur Chevrel et des témoins, ci après nommés : qu'il demande à Dieu pardon d'avoir embrassé la vocation de bouffon et farceur public et d'avoir monté sur le théâtre et

---

(1) Il est à noter que Pontas, dans son *Dictionnaire des cas de conscience*, déclare que quand bien même un comédien se serait confessé et aurait témoigné de la douleur de ses péchés, s'il n'a pas « desté sa profession et promis d'y renoncer pour toujours, il n'est pas digne de la sépulture ecclésiastique. Il ajoute enfin qu'il n'est pas possible d'accorder la sépulture ecclésiastique aux pécheurs publics. Il n'admet pas qu'un comédien puisse, à l'article de la mort, être absous de ses autres péchés, s'il conserve de l'affection pour celui dont sa profession le rendait coupable. »
On peut se demander si ce rigorisme n'était pas excessif.

qu'il renonce et promet à Dieu de ne plus jamais y retourner et monter (1).

Les comédiens italiens, disait-on, étaient seuls à l'abri de l'excommunication. C'est peut-être pour cela que Nolant de Fatouville, né à Sées ou aux environs, suivant plusieurs biographes, ne craignit pas de déroger à sa dignité de Conseiller au Parlement de Normandie, en donnant au théâtre italien, *Arlequin, Mercure galant, Arlequin, lingère du Palais, Arlequin Protée*, etc., de 1682 à 1692.

Les Porches : les Galeries du Palais, le Café, le Puits des Forges

Les porches qui régnaient autour de la place du Palais et formaient galeries le long des maisons, offraient un abri aux promeneurs par les temps de pluie et leur permettaient ainsi de prolonger plus longtemps leurs intéressantes conversations. C'était aussi sous ces porches que se donnaient rendez-vous les procureurs postulants, les solliciteurs infatigables, les plaideurs féroces, en attendant l'audience. Les gens portant épées, rabats et collets de point coupé aimaient à s'y faire voir. Les filous et les femmes galantes n'y manquaient pas non plus.

Des marchands, en effet, étaient installés dans ces galeries et offraient à tout venant : livres, gazettes, point coupé, bagatelles de toute sorte. C'est ce que nous apprenons par la chronique rimée que Bertaut, neveu, dit-on, de l'illustre évêque de Sées du même nom, aumônier de la reine Marie de Médicis, et dont les poësies se lisent encore (2), a consacrée aux Galanteries du Palais :

(1) Minutes de M⁰ Papot, notaire à Alençon. — Extrait cité dans le *Théâtre et les Comédiens à Alençon, au seizième et au dix-septième siècles*, par Mme Gérasime Despierres. Paris, E. Plon, 1892, 15 p., in-8⁰.

(1) Tallemant des Réaux, a consacré une de ses *Historiettes* (la CL1⁰), au petit Bertaut, neveu, dit-il, de l'évêque de Sées, Jean Bertaut : « Il ne manque pas d'esprit, mais il est ennuyeux en diable et plein de vanité. Par malheur pour lui il y a un des principaux musiciens de la Chapelle, nommé aussi Berthod. Pour les distinguer on appelait celui-ci *Bertaut l'incommode* et l'autre *Bertaut l'incommodé*, parce qu'il est châtré. On appeloit ainsi tous les châtrés de ces comédies en musique que le cardinal Mazarin faisait jouer. »

Dans son beau livre, *Jean Bertaut, abbé d'Aunay, premier aumônier de*

L'*Honneste femme* et la *Femme héroïque*, ouvrages du cordelier Coutançois Jacques du Bosc, composés en 1632 et en 1644, se vendaient donc encore à la galerie du Palais en 1650, époque où le permis d'imprimer fut accordé au petit Bertaut. Mais ces titres ne nous disent plus rien. Si nous nous rapprochons au contraire des étalages séduisants des marchands, des merciers, nous allons reconnaître les produits, de plus en plus recherchés, des vélineuses d'Alençon :

> Approchez-vous ici, Madame ?
> Là, voyez donc, venez, venez,
> Voici ce qu'il vous faut, tenez !
> Venez ici, Mademoiselle,
> J'ai de bellissime dentelle,
> Des points coupés qui sont fort beaux,
> De beaux étuis, de beaux cizeaux,
> De la neige des plus nouvelles.
> J'ai des cravates les plus belles,
> Un manchon, un bel éventail,
> Des pendans d'oreilles d'émail,
> Une coiffe de crapaudaille.
> J'ai de beaux ouvrages de paille.

. . . .

> Mais écoutons cette marchande :
> « Monsieur, j'ai de belle Hollande,
> Des manchettes, de beaux rabats,
> De beaux collets... »

Il nous faut maintenant avec Bertaut, faire une longue tournée à la buvette du Palais :

> Nous gaignerons tout droit là bas.
> Suy-moi. Nous n'avons pas cent pas :
> Nous entrerons dans la Buvette.
> Tu verras une Cahuette (1)

la Reine, évêque de Sées. Paris, Victor Lecoffre, 1903. M. l'abbé Georges Grente a malheureusement omis de nous renseigner sur ce Bertaut, auteur présumé de la *Ville de Paris, en vers burlesques.* Il est à noter que dans le privilège de ce livre, en date du 5 août 1650, l'auteur est dénommé Berthod et non Bertaut.

Viollet Le Duc, dans sa *Bibliothèque poétique* (p. 504), n'a pu déterminer l'identité de ce poète. Paul Lacroix, dans *Paris ridicule et burlesque au* XVIIe *siècle* (p. 878, p. XVII), n'a pas été plus heureux.

(1) Cahuette, d'après Paul Lacroix (Ibid. p. 149), serait une forme ancienne de Cahutte. Les auteurs du *Dictionnaire de Trévoux,* ne paraissent pas être de cet avis puisqu'ils font remarquer que, dès le règne de Louis XIII,

On serait tenté de croire que cahuette a quelque rapport avec les *Kanet* ou *Cahué* sous lesquels on désignait alors les débits de café chez les Turcs ? L'époque que l'on peut assigner à l'ouverture de ces boutiques ne semble pas le permettre, puisque, d'après De La Mare, elle n'aurait eu lieu que vers 1660 (1). De plus cahuette a été employé par les écrivains du xvi° siècle.

Cependant Marseille paraît avoir eu des débits de cafés dès 1654. Mais c'est principalement par l'intermédiaire des Lyonnais que cette boisson hygiénique fut introduite et mise en crédit en France. Un négociant (2) de Lyon, Philippe-

existaient autour du Châtelet des débits de café, désignés sous les noms de *Cahove* ou *Cahovet*. Il faut ajouter que *Cahve* est bien la forme la plus rapprochée de la prononciation des Persans et des Turcs. C'est ce qu'affirme Dufour dans son livre *Traitez nouveau et curieux du café, etc.* p. 9. 10, 93 et 96), d'après Olearius et Pietro della Valle. C'est également d'ailleurs celle que paraît préconiser Fauste Naironi, maronite, professeur de syriaque au collège de Sapience à Rome, puis que c'est celle à laquelle il donne le premier rang dans sa dissertation : *De saluberrimâ potione cahve, seu café nuncuptâ discursus.* Romæ, 1671, in-24, 1671 et 1675. Il faut ajouter que l'orthographe et la prononciation de ce nom, étaient si peu fixées, à l'origine, que Dufour, intitule ainsi sa première publication sur le café : *De l'usage du Caphé, du thé et du chocolate.* Lyon, 1671. (Catalogue de la Bibliothèque du baron Jerôme Pichon, n°2662). — Le *Dictionnaire universel du commerce* donne aussi les deux termes *Caphé* et *Cahué.*

(1) *Traité de la police,* t. III, p. 797.

(2) Son nom patronymique était Sylvestre. Du Four, était le nom de son oncle.

C'est par erreur que dans les *Notes pour servir à l'histoire d'Alençon,* au xviii° siècle (Alençon, A. Herpin, 1898, in-8°, 14 p.) M. P. Blaizot, attribuait à Dufour la qualité de médecin. Dufour lui-même, dans la préface de l'ouvrage qui l'a rendu célèbre : *Traitez nouveaux et curieux du Café, etc.,* s'est expliqué très positivement sur sa qualité : « La profession que je fais de marchand ne me parut pas incompatible avec celle d'auteur, surtout en cette occasion où il s'agit d'une drogue dont les marchands nous ont donné la connaissance. C'est à ceux qui ont négocié dans le Levant que nous devons en France la découverte du café. C'est eux qui nous en ont fourni. Je considéray même en un sujet de cette nature, un grand nombre de choses dont un marchand peut-être mieux informé qu'un philosophe. »

Dufour déclare, en outre, que le livre qu'il publie doit son origine à la découverte fortuite qu'il avait faite, environ douze ans auparavant, d'un manuscrit latin qui traitait du café et qu'il ne se décida que plus tard à se procurer, par ses relations, des mémoires précis et fidèles sur ce sujet : « Je ne me suis pas contenté de consulter dedans et dehors le Royaume un grand nombre de Sçavants qui me font l'honneur d'entretenir commerce avec nous. J'ay encore porté mes recherches dans le fonds de l'Orient où je porte mon négoce. »

Il dédia son livre au chevalier Valon, seigneur de Janlis et de Veuchy, avec lequel il était en correspondance et auquel il voulait offrir un témoignage public de sa reconnaissance.

Sylvestre Dufour, natif de Manosque, que le commerce de la
droguerie avait mis en état d'apprécier cette denrée, y eut la
plus grande part par la publication en 1671, d'un mémoire
intitulé : *De l'usage du Caphé, du Thé et du Chocolate*, Lyon,
in-12, qui paraît avoir été tiré du célèbre traité de Nairoui,
publié à Rome la même année sous ce titre : *De saluberrimâ
potione* CAHVE *seu Café nuncupatâ discursus*. Romæ, 1671.
Sylvestre Dufour était d'ailleurs un homme instruit, lettré
et curieux de la recherche des choses rares et antiques. Sa
liaison intime avec Jacob Spon, célèbre médecin et voyageur
Lyonnais, en est d'ailleurs une preuve. La façon dont il
s'exprime au sujet de l'accueil que le public fit à cette publication en est une autre :

Soit que le charme de la nouvauté, qui fait souvent tout le
mérite d'un livre eût inspiré à bien des gens le désir de lire le mien,
soit qu'ils y fussent portés par d'autres motifs, tous les exemplaires
en furent débitez en peu de mois. Ce succès me surprit d'autant
plus que je ne devais pas m'y attendre... L'empressement que l'on
eut pour cette première édition me persuada que je devais assez
d'être traducteur et que je pouvais aspirer à quelque chose de plus
grand. Je me mis donc en tête de chercher des mémoires assés
précis et assez fidèlles pour faire un Traité qui n'ayant rien de
commun que le nom avec celuy que j'avais traduit pût se rendre
considérable par lui-même.

Ce traité ne devait paraître qu'en 1685. Dans la préface qui
l'accompagne, il fait une déclaration intéressante :

Ce n'est que depuis peu de mois que je me suis mis à y travailler.
Pour rendre mon travail utile et agréable, je ne me suis pas contenté de consulter dedans et dehors le Royaume un grand nombre
de scavans qui me font l'honneur d'entretenir commerce avec
moy. J'ai encore porté mes recherches dans le fond de l'Orient,
où je porte mon négoce. Peut-être me flattay-je, en disant que j'ay
fait, par l'une et l'autre de ces voyes, un amas de beaucoup de
raretés dont la lecture ne sera ennuyeuse, n'y inutile au Public.

Il ne se contenta pas de consulter les voyageurs les plus à
même de fournir des renseignements certains sur l'usage du
café en Orient, notamment Tavernier (1), de Bourges, dans

(1) DUFOUR. *Traitez du Café, du Thé et du Chocolate*, p. 201.

sa *Relation du voyage de l'évêque de Beryte en Cochinchine* (1)
Galland (2), Bernier (3), Chardin (4), Petis de La Croix (5),
Duloir (6). Il se mit en outre en rapport avec le consul de France
à Alep, le chevalier d'Arvieux, qui lui fournit un mémoire
intéressant. Il s'en procura d'autres au Caire. Il fit faire
une analyse chimique du café par Cassaire, apothicaire
à Lyon, en présence de Jacob Spon (7). Il n'est peut-être
pas sans intérêt de faire connaître les villes citées par lui
dans lesquelles les bons effets du café avaient été reconnus
par des médecins alors en renom. Ces témoignages nous renseignent sur la propagation rapide du café à cette époque à Paris et
dans les provinces d'outre Loire.

A Paris, M. Dehenault, lui cite le cas de Mme de Brière,
sœur de M. L'Oiseau, aussi connue par son mérite que par
sa beauté et celui d'une autre dame de la première qualité,
dont il tait le nom par respect (8).

A Marseille, le P. Alexandre d'Albertas, augustin déchaussé
et un autre religieux (9). Il cite en outre un père Jésuite, le
P. Nicolas, capucin et un autre capucin, célèbres prédica-
teurs (10).

A Lyon, Jacob Spon (11), et Falconnet fils, qui, chargé par
Monseigneur le Chancelier d'examiner ce *Traité du café*, déclara
qu'il serviroit à « détromper les médecins qui persistaient
à croire que son usage était pernicieux (12) ».

(1) P. 104, 105.

(2) P. 185.

(3) P. 29, 43, 203, 206, 216.

(4) P. 136.

(5) P. 32.

(6) P. 6, 8, 9, 102.

(7) P. 83.

(8) P. 163, 173.

(9) P. 133, 134. — Parmi les questions qui furent posées à M. Colomb,
pour son agrégation au collège des médecins de Marseille par les docteurs
de la Faculté d'Aix, MM. Castillon et Fouque, le 27 février 1675, figure
celle-ci · « Sçavoir si l'usage du café est nuisible aux habitans de Marseille. »
(ALFRED FRANKLIN. La *Vie privée d'autrefois. Le café, le thé et le chocolat*,
p. 27).

(10) P. 139, 141, 143.

(11) P. 135, 137, 156.

(12) Ibid. Attestation en tête du livre de Dufour.

A Montpellier, Rideu, professeur à la faculté de médecine, qui avait employé le café avec succès pour la guérison du marquis de Crillon et d'un conseiller à la Cour des Aides (1).

A Nîmes, M. de La Garde, habile médecin (2).

A Grenoble, M. Monin, célèbre médecin que l'on peut regarder comme l'inventeur du café au lait, appelé aussi *café laité* ou lait cafeté (3).

A Genève, M. Gras, qui avait traité par le café M. Devérace, attaqué de la goutte (4).

A Lausanne, M. Dapples (5).

A Limoges, M. Ferrand, doyen des médecins de cette ville (6-7).

En Saintonge, M. de la Closure qui cite la guérison de Mme de Lausun, à l'âge de quatre-vingt-deux ans.

Voici le titre complet de son ouvrage ·

Traitez nouveaux et curieux du Café, du Thé et du Chocolate, ouvrage également nécessaire aux médecins et à tous ceux qui aiment leur santé, Lyon, Jean Girin et B. Rivière, rue Mercière, à la Prudence MDCLXXXV, in-12.

Ce livre curieux, qui eut plusieurs éditions données par les imprimeurs de Lyon et de La Haye, fut traduit en latin par Spon, et en allemand par Bautzen.

A l'origine c'est par le port de Marseille que se faisait l'introduction du café en France. Mais Rouen, dont le port à cette époque était fréquenté par un grand nombre de marchands, ne tarda pas à lui disputer ce monopole. Le prix du café subit alors des variations notables. Cette denrée avait d'abord à supporter, à son entrée en France, un droit de vingt pour cent, suivant l'arrêt du Conseil du 15 août 1683. Elle se vendait vingt-cinq sous la livre en 1686, et trente-cinq sous, l'année suivante. L'arrêt du Conseil du 19 août 1692, déclare qu'avant cette époque, où eut lieu l'établissement du

(1) P. 120, 138.
(2) P. 137.
(3) P. 143-150, 153.
(4) P. 131.
(5) P. 153, 179.
(6) P. 180-181.
(7) P. 127, 151, 156.

monopole de la vente du café, il ne se vendait que vingt-sept à vingt-huit sous la livre (1). Un traitant, François Damame (2), bourgeois de Paris, eut alors assez de crédit pour se faire concéder à très haut prix ce privilège, à titre exclusif, et avec le droit de vendre le café quatre francs la livre. Le café étant devenu une boisson à la mode, le Conseil du roi, de même que le traitant, avaient présumé que les consommateurs ne se laisseraient pas rebuter par cette forte augmentation de prix. Le monopole de la vente et du débit des cafés, thés et chocolats, fut affermé pour six ans à Damame par édit du roi du mois de janvier 1692 et arrêt du Conseil du 22 janvier même année. Ce même arrêt contient un article qui a sa place dans l'histoire du café en Normandie, car il y est dit :

Fait Sa Majesté défenses à toutes personnes de faire entrer des caffez et sorbecs par d'autres ports que ceux de Marseille et Rouen, ainsi qu'il est ordonné pour les marchandises du Levant, à l'exception néanmoins des caffez qui pourront avoir esté pris en mer et de ceux qui viendront des Isles françaises.

Cet article donne une idée de l'importance du commerce de Rouen à cette époque et prouve que dès lors, l'usage du café dut commencer à se répandre en Normandie.

On constate d'autre part, que la fixation du prix du café à quatre francs la livre eut un effet contraire aux prévisions du Conseil du roi et à celles du fermier. Au lieu de se traduire par une augmentation de recette, ce changement faillit compromettre les intérêts du trésor et ceux de Damame. A peine quelques mois s'étaient-ils écoulés que ce dernier se plaignait à Sa Majesté de la diminution de la vente qui était telle dit-il, « que la plus grande partie de ceux qui en prenaient s'en passaient. » Le Conseil du roi, d'autre part, dans son arrêt rendu sur cette requête, le 19 août 1692, déclare que « si les choses demeuroient en mesme état, la consommation en diminuroit journellement, ce qui causeroit un préjudice considérable à Sa Majesté, tant pour les droits d'entrée dans le

(1) SAVARY. *Dictionnaire universel du Commerce*, art. Café.
(2) M. DE BLEGNY. *Le bon usage du Thé, du Caffé et du Chocolat*, Paris, 1687. — ALFRED FRANKLIN, Ibid. p. 57, 311.

royaume que pour la ferme particulière dudit Damame. » En conséquence, le Conseil du roi décida que le prix du café serait réduit de quatre francs à cinquante sous la livre à dater du 15 août.

Le privilège qu'avaient les princes et les commensaux du roi, de faire des provisions de café en exemption des droits était pour le fermier une cause de déficit notable et une source de contestations fréquentes si l'on en juge par ce qu'en écrivait M. de Bérulle, intendant à Lyon, au Contrôleur général le 10 mars 1692. Les commis de Damame avaient saisi à la douane et fait porter à leur bureau un ballot de café de sept à huit quintaux que la princesse de Wurtemberg, en pension dans un couvent de Lyon, réclamait comme destiné à sa provision. « Il est vrai, dit l'intendant, que cette princesse en fait une grande consommation et en régale tous ceux qui la viennent voir. Mais comme cette quantité m'a paru un peu forte, je n'ay pas cru pouvoir, ni devoir, faire rendre le ballot sans vos ordres. » (1)

. Damame n'était pas au bout de ses peines. Il finit par déclarer lui-même que les frais excessifs qu'il était obligé de faire pour l'exploitation de la ferme du café, consommaient « tout le bénéfice qu'il en pourrait retirer. » D'autre part les marchands épiciers et autres négociants, offrirent au roi de payer tels droits qu'il plairait à Sa Majesté sur cette denrée, pourvu qu'il revoquât le privilège de la vente exclusive attribué à Damame et qu'il leur rendit la liberté de ce commerce comme auparavant. C'est ce qui fut fait par arrêt du Conseil du 12 mai 1693. Il fut ordonné, par le même arrêt que le café ne pourrait entrer dans le royaume que par la ville de Marseille, et en payant la somme de 10 sols par livre pesant, outre les anciens droits. Les ports de Dunkerque, Dieppe, Rouen, Saint-Malo, Nantes, la Rochelle, Bordeaux et Bayonne, furent seulement autorisés à entreposer le cacao pour le faire passer aux pays étrangers (2).

Le monopole établi par cet arrêt au profit du port de Marseille amena des contestations inévitables. En 1709,

<hr>

(1) Correspondance des Contrôleurs généraux, t. I, p. 103.

(2) *Recueil des tarifs des droits d'entrées et de sortie*. Rouen, Jean Besougne, 1725, t. I, p. 298. — ALFRED FRANKLIN. Ibid., p. 319.

le sieur Dussault, se plaignait au Conseil du commerce des difficultés que faisaient les fermiers généraux, de recevoir les droits qu'il offrait de payer pour le café, qu'il avait eu permission de faire venir à la Rochelle (1). L'année suivante, les députés du commerce de la ville de Lyon, étaient en contestation avec les armateurs de Saint-Malo, qui avaient obtenu la permission de vendre dans le royaume, 100.000 livres pesant de café, arrivé de Moka dans leur port (2). En 1713, requête des maires, échevins et députés du commerce de Marseille, au sujet des entrepôts de cafés du Levant, récemment fermés, à la réouverture desquels ils s'opposent (3). Ces difficultés sans cesse renaissantes amenèrent le Conseil du commerce à préparer un projet d'arrêt supprimant les entrepôts précédemment établis à Marseille (11 mars 1717).

Pour relever la Compagnie des Indes, dont les affaires marchaient mal, on lui accorda alors plusieurs permissions, destinées à favoriser son commerce. Le 22 juin 1719, permission de faire venir de Saint-Malo à Paris, dix balles de café, pesant 2.600 livres, en payant les droits de 10 sous et de 4 sous par livre, plus les droits d'entrée des cinq grosses fermes. Le 28 janvier 1720, permission accordée aux sieurs Beauvais, Lefèvre et Coulombier, négociants à Saint-Malo, de faire débiter et vendre dans le royaume, 50.000 livres de café, achetée par eux à la Compagnie des Indes au mois de juin 1715 ; 20 août 1720, projet d'arrêt portant permission aux directeurs intéressés à l'armement du vaisseau la *Paix*, arrivé à Saint-Malo dès le mois d'avril précédent, de vendre les 1.500 balles de café de moka, dont il est chargé moyennant le payement du droit qu'on perçoit à Marseille, et avec défense de le faire sortir du royaume (4).

Par arrêt du 30 septembre 1723, le roi voulant de plus en plus favoriser la Compagnie des Indes, afin de la mettre en état de donner un dividende annuel de 150 livres par action, outre le bénéfice pouvant revenir aux intéressés sur le profit de son commerce, lui accorda le privilège exclusif de la vente

(1) *Conseil du Commerce. Procès-verbaux*, p. 49 *b*, 6 septembre 1707.
(2) Ibid., p. 56, 26 septembre 1710.
(3) Ibid., p. 74, 15 décembre 1713.
(4) Ibid., p. 103, 106, 108.

du café, au prix de cinq francs la livre, avec permission de faire exploiter ce privilège dans toute l'étendue du royaume et terres de son obéissance, de la même manière que la ferme du tabac. A cet effet la Compagnie fut autorisée à établir des bureaux dans les villes, bourgs et autres lieux convenables, pour la vente du café. Permission fut cependant laissée aux négociants de Marseille de faire venir du café des Echelles du Levant et de les vendre à la Compagnie, sur le pied que le café vaudrait en Hollande, ou de le transporter librement à l'étranger en prenant les précautions pour empêcher que le débit ne s'en fît en France (1).

Au mois d'octobre de la même année, le privilège exclusif de la vente du café fut transporté à la Compagnie des Indes, et le sieur Pierre Le Sœur en fut mis en possession en son nom, le 1er novembre, avec pouvoir d'établir des bureaux de distribution, des commis, gardes, etc. La même déclaration fixa le prix du café à cent sous la livre.

Il est à remarquer qu'à la même date, c'est-à-dire au mois d'octobre 1723, la Compagnie des Indes orientales d'Angleterre fit la vente d'une très grande quantité de café, sur le pied de 11 livres sterling le cent pesant, ce qui revient à 30 sous la livre. Le *Journal sur les matières du tems*, dit le *Journal de Verdun* (décembre 1723, p. 436), qui nous fournit cet élément de comparaison assez curieux, ajoute que les intéressés y gagnaient, disait-on, 30 à 60 pour cent, tous frais faits. Il ressort de là que notre Compagnie des Indes était alors au point de vue commercial, bien inférieure à la Compagnie des Indes orientales de l'Angleterre.

Si j'ai insisté sur les variations du régime fiscal auquel fut soumis le café, c'est que j'ai cru remarquer que les différences de prix, d'année en année, qui en furent la conséquence et les falsifications provoquées par l'élévation excessive des droits d'entrée amenèrent des hausses et des baisses curieuses dans la consommation de cette liqueur qu'on aurait tort d'attribuer aux caprices de la mode. Mme de Sévigné dans plus de vingt de ses lettres nous fait connaître les alternatives

(1) *Suite de la Clef ou Journal historique sur les matières du tems*, année 1723, p. 378, 379.

de faveur et disgrâce qu'a subi le café sous Louis XIV. Le 10 mai 1676, elle écrivait à Mme de Grignan : « Vous voilà donc bien revenue du café ; Mlle de Méri l'a aussi chassé de chez elle assez promptement. Après de telles disgrâces, peut-on compter sur la fortune? « Le café dut attendre quelque temps pour reconquérir à la Cour et à la ville la place qu'il avait le droit d'occuper. Mais à la Toussaint de l'année 1688, la marquise écrit à sa fille : « Le café est tout à fait disgrâcié ; le chevalier croit qu'il l'échauffe et qu'il met son sang en mouvement, et moi, en même temps, bête de Compagnie, comme vous me connaissez, je n'en prends plus; le riz prend la place : je garde le café pour l'hiver. » Mme de Grignan, dans sa douce Provence bravait les caprices de la mode et prenait du café le matin, avant sa toilette (lettre du 3 novembre 1698).

Le 23 novembre, nouvel anathème contre le café : « Le café est disgrâcié ici, dit Mme de Sévigné, et par conséquent je n'en prends point, je trouvais pourtant qu'il me faisait, à Brevanes, certains biens ; mais je n'y songe plus. Nous voulons vous persuader qu'il vous échauffe, joint à l'air que vous respirez. »

Les opinions les plus bizarres continuaient d'avoir cours sur les effets du café. En 1706, la princesse des Ursins, le recommandait à Mme de Maintenon pour son estomac, « quoique dit-elle, je sois sûre de me brouiller avec M. Fagon. » Cependant à la même époque Fénelon en offrait à ses hôtes. D'autre part, la princesse Palatine, qui en 1706, trouvait le café fort bon pour les prêtres catholiques, parce que, dit-elle, il rend chaste, le défendait à sa sœur, en 1711. « Je regrette d'apprendre, lui écrit-elle le 5 février, que vous vous êtes habituée au café; rien au monde n'est plus malsain. » Tel était aussi l'avis de Saint-Simon et celui du docteur Andrey, de la Faculté de Paris, dans son *Traité des alimens de Caresme*, publié en 1713. Un autre soutenait dans une thèse, en 1715, que le café abrège la vie, et en 1741 Joseph de Jussieu, soutenait encore avec succès la même opinion devant la Faculté.

La situation ne changea que lorsque le café, d'abord admis par grâce, dans l'officine des apothicaires, dans le parloir des couvents, comme on l'a vu, mais en butte aux critiques de quelques disciples d'Hippocrate récalcitrants et aux caprices des grandes dames, conquit la place publique. On vit alors, au lieu des ignobles cabarets d'autrefois, s'élever sur les places et les rues les plus fréquentées des grandes villes, aux foires de Saint-Germain, de Saint-Laurent, de Guibray, de Beaucaire, s'élever « la boutique élégante de caustrie, salon plus que boutique, chambre garnie de glaces, de torchères en bronze, de tables de marbre d'une exquise propreté, de lustres aux cristaux étincelants. Ce fut « l'avènement du café », dit Michelet (1). On y causait déjà librement, on y débitait des nouvelles, des couplets et des épigrammes. C'est là que J.-B. Rousseau, commença à se faire connaître par la comédie du *Café*, publiée en 1694.

La Normandie, par l'intermédiaire de Rouen, avons-nous vu, avait connu de bonne heure le café. En 1699, Antoine Galland, de l'Académie des Inscriptions et Belles Lettres, fit imprimer à Caen un *Traité de l'origine et des progrès du café*, in-12. Mais c'est seulement vers 1718, que l'abbé Massieu, l'une des gloires de Caen, « la plus jolie ville, la plus avenante, la plus gaie, enfin la source de nos plus beaux esprits »,(2) dit Mme de Sévigné, lut à l'Académie des Inscriptions, son poëme latin sur le café, *Caffaeum Carmen*, qui l'emporte de beaucoup sur le poëme publié à Lyon par l'Avignonnais Th.-B. Fellon, en 1698, sous ce titre *Faba arabica* (3). Ce dernier n'est pas sans mérite, mais, comme l'a fait remarquer M. Théry, recteur de l'Académie de Caen, et président de l'Académie des Sciences et Lettres de cette ville, on n'y rencontre pas « la grâce, le sentiment exquis de latinité, l'aisance au milieu des détails techniques, que nous pouvons admirer dans le *Caffaeum* de Massieu. » Dans son éloge de Massieu, prononcé à l'Académie des Inscriptions en 1723, de Boze osa affirmer que « si Horace et Virgile avaient connu le café, on leur eût facilement attribué le poëme de l'académicien moderne. » L'hyperbole est permise aux panégyristes ; mais si on ne les considère que comme œuvres

(1) Histoire de France. t. XVII (la Régence), ch. VIII. Le Café. — L'Amérique, 1719.

(2) A. Caen, jeudi 5 mai 1689.

(3) On sait que le P. Vanière a consacré aussi quelques jolis vers au café, dans son *Prœdium rusticum*. Louis Dubois en a donné une production.

d'art, comme ciselures de fantaisie, les caprices même de
ce bijou poëtique ont quelque chose de séduisant. Tel est en
définitive le jugement prononcé par M. Théry, sur le poëme
du café.

Massieu avait été l'hôte et l'ami de Le Malon de Bercy,
gendre du contrôleur général Desmarest, et dans ce château
bâti par L. Levot, d'après les dessins de Mansard et décoré
des peintures de Snyders, de Jordaens, de Carrey, sur la
magnifique terrasse du parc, dessiné par Le Nôtre qui dominait
et bordait la *Seine*, son goût s'était affiné, au contact des
représentants les plus autorisés de la société polie du grand
siècle. En 1710, il avait été nommé professeur au Collège de
France. Son discours d'ouverture fut remarqué. « On croyait
entendre un Romain de la cour d'Auguste, qui envoyant son
fils se perfectionner à Athènes, lui découvrait tous les avantages qu'il pouvait encore puiser dans cet ancien séjour des
lettres, de la politesse et de l'urbanité » (1). Il avait été admis
en 1714 à l'Académie française à la place de Jules de Clérem-
bault abbé de Saint-Taurin d'Evreux, lui-même successeur
de Jean de la Fontaine.

L'aimable et savant recteur de l'Académie de Caen, sous
l'autorité duquel nous sommes heureux de pouvoir nous abriter,
nous a laissé un témoignage de la juste estime dans laquelle
il tenait le *Caffaeum Carmen* en en donnant une réédition (2),
en 1854, accompagnée d'une traduction en vers français,
assez fidèle pour qu'il soit permis de dire que le poème de
Massieu peut supporter, même parfois avec avantage, la comparaison avec les vers que Delille, Thomas, Berchoux ont consa-
crés au café. L'auteur décrit la découverte du café, dans la pénin-
sule arabique, ou royaume de Saba. Il fait connaître les différents procédés usités pour sa torréfaction, pour sa tritura-
tion obtenue au moyen du pilon, suivant la méthode turque,
ou au moyen d'un petit moulin analogue au moulin à poivre.

(1) *Histoire de l'Académie des Inscriptions*, t. V.

(2) Le *Caffæum Carmen* fut publié pour la première fois dans le recueil
intitulé *Poemata didascalica*, 3 vol. in-12. L'éditeur des *Etrennes à tous
les amateurs de Café*, Paris 1790, 2 parties en 1 vol., in-12, en donna une traduction française dans ce recueil.

Une nouvelle édition des *Poemata didascalica* a, d'ailleurs, été donnée
en 1813, par Delalain, en deux volumes.

Il nous montre la cafetière et les tasses où l'infusion doit
être versée :

La coupe où la liqueur en fumant doit couler
Et le vase au long col, au couvercle docile,
Qu'élargit par degrés une courbe facile.

. . . .

Voici comment il convient de humer le moka
Vous devez à longs traits l'aspirer lentement,
Le quitter, le reprendre avec recueillement,
Tandis qu'il brûle encor le palais qu'il enchante.

. . . .

Dès que son feu secret parvient jusqu'à notre âme
La vie à flots pressés y coule avec la flamme
Il y verse et la force et la vive gaîté.
Comme dans l'Orient, au royaume des lys
Les carrefours nombreux et les places publiques
Vous offrent, embellis d'enseignes authentiques
D'un lierre, d'un laurier, ces aimables réduits
Où le café fumant dissipe les ennuis.
Là, tous les citadins que ce signal attire
Passent de longs moments, à converser, à rire,
Quand la vapeur féconde a pénétré les sens,
On échange à l'envi des mots fins et plaisants
C'est un joyeux murmure, une fête unanime.

Après cette excursion au travers du poème composé par
un illustre Caennais en l'honneur du café, nous allons nous
adresser au procureur du roi en l'Hôtel de Ville de Falaise
depuis 1698, pour visiter un café forain. La description qu'il
va nous donner est insérée dans son *Voyage de Guibray, ou les*

(1) A la suite de la bibliographie du café, par Louis Dubois, se trouvent
plusieurs mentions d'ouvrages littéraires sur le café qu'il est peut-être inté-
ressant de reproduire :
L'Eloge du café, chanson en vingt-quatre couplets. Paris 1711, in-4º. —
Probablement de même que la « Chanson sur le café », publiée dans le
Mercure galant, de février 1711. Citée par Alfred Franklin, p. 85.
LAINEZ. *La Cafetière renversée*, insérée dans le *Journal de Verdun*, et
en 1753
DULARD, de Marseille, Le Café, fragment du quatrième chant du poème
intitulé *La Grandeur de Dieu dans les œuvres de la Nature*.
ESMÉNARD, sixième chant du poème sur la *Navigation*.
DUCIS. *A mon Café*, stances.
MÉRY (M.-G. de) Le Café, poème. Paris et Rennes, 1837. FUZELIER (Louis),
Cantate sur le café, mise en musique, par Nicolas Bernier. (Franklin, Ibid, 33).

Aventures des princes de B. et de C. Avec l'histoire du fameux Barry, de Filandre et d'Alison. Histoire comique, MVCCIV.

Les deux princes de B. et de C., bons cousins, jeunes et curieux, avaient quitté Paris pour se rendre aux fameuses foires de Guibray pour se divertir. En entrant en Normandie, ils rencontrent une troupe de comédiens de campagne qui se dirigeaient du même côté pour donner des représentations et lient connaissance avec eux, mais en déguisant leur qualité sous des noms de guerre, la Brie et la Champagne. En passant par Sées, la troupe joyeuse à laquelle les jeunes gens s'étaient associés en se donnant comme bons joueurs de gibecière, s'arrête à l'hôtellerie de l'Echiquier, la plus considérable de la ville. Tous les appartements avaient été retenus par M. l'intendant d'Alençon et par son épouse qui se rendaient à Guibray en grande compagnie. Après une séance de prestidigitation donnée par la Brie et marquée par l'insolence d'un commis de l'intendant, nommé L'Etrille, qui avait osé poser la main sur le sein d'une des comédiennes : d'où, vivement, un bon soufflet de la main de La Champagne, qui fut appréhendé par le hocqueton de l'intendant, puis délivré dès que son identité fut reconnue. On partit enfin pour Guibray et l'on descendit à la Tête-Noire. Le lendemain, on parcourut les loges et les boutiques de la foire, la rue de Paris, la rue de Lyon, la rue de Tours, la rue de Rouen, la rue d'Alençon, la Halle aux cuirs, le Marché aux chevaux. Ici nous devons laisser la parole au procureur du roi en l'Hôtel de Ville :

La Brie et La Champagne, après avoir visité les opérateurs, les joueurs de gibecière, les marionettes, les danseurs de corde, etc., etc. ; entrèrent dans une loge où devait se trouver la huitième merveille du monde et qui n'était autre qu'une femme muette. Ils dirigèrent alors leurs pas vers un café. Ces établissements sont des grandes salles, richement tapissées, ornées de miroirs et de tableaux et toujours éclairées, jour et nuit, par une quantité de lustres de cristal qui font un effet très agréable.

Sortis du café, ils furent entourés par une troupe d'archers qui les arrêta et les fit conduire à Caen. La Brie et La Champagne rassurèrent les comédiens effrayés, et leur dirent que quelques mots suffiraient pour les faire élargir.

Ils n'étaient accusés que de rien moins que de l'assassinat du chevalier de Poligny, parent de l'évêque de C. (de Cou-

tances ?), mais lorsque leur qualité fut connue de tout le
monde, ils furent rendus à la liberté.

L'auteur du *Voyage de Guibray* nous apprend encore qu'en
visitant la ville de Caen, les princes rencontrèrent un jeune
seigneur qu'ils avaient vu dans un café de Guibray et qui
ressemblait si bien à Mlle de Témicour, que c'était Mlle de
Témicour elle-même, l'un d'eux demanda et obtint sa main.

Le premier café qui ait été ouvert à Alençon était situé
naturellement sur la place du Palais. Il fut établi en janvier 1712. C'est au moment où la France épuisée par la guerre
de la succession d'Espagne, fit un effort suprême pour se
relever et favorisée par un de ces coups qui renversent toutes
les prévisions, fit des traités particuliers avec l'Angleterre et
avec la Hollande, en attendant la paix générale qui rendit
possible la victoire de Denain. Ce café fut établi par une Lyonnaise, Simonne Martin, et par François Milon son mari, originaire de Mesnil-sur-l'Estrée.

Une scène tragique dont ce café fut le théâtre, l'année qui
suivit son ouverture et qui donna lieu à une information, à
la requête de l'avocat du roi au bailliage d'Alençon, nous fait
connaître quelle était la clientèle habituelle de cet établisse·
ment. Le 10 mars 1713, au soir, Gaspard Bonvoust, lieutenant
de Maire de la ville et Jean Barbot de Collange, l'un des
gardes du corps de Sa Majesté, dans la compagnie d'Harcourt,
étaient en train de jouer aux dés, seuls à une table du
café. Appuyé à la cheminée, un jeune homme, âgé d'environ
vingt-deux ans, qui avait été au service et portait l'épée,
Abraham Gillot, fils de Pierre, sieur de la Fortinière, les regar-
dait jouer tout en se chauffant, mais sans leur adresser la
parole, à cause d'une querelle de jeu qu'il avait eue antérieure-
ment avec Jean Barbot.

A une autre table étaient assis des gens de moindre condition,
Louis Mallet, sculpteur et architecte, Antoine Jacquet,
marchand orfèvre, Jean Galleis, greffier, Nicolas Durand (1),
commis greffier de la juridiction consulaire d'Alençon et Jean
Allix, huissier au grenier à sel. Ils prenaient tranquillement

(1) Un autre Nicolas Durand, sieur de la Croix, procureur, veuf de Fran-
çoise Melassis, mourut en 1566, âgé de soixante-deux ans et fut inhumé
le 31 janvier, au cimetière Saint-Blaise.

leur café, en jouant leurs consommations, au « passe-dix » à cinq sols la partie.

Deux gentilshommes de marque, entrèrent sur les neuf heures et demie. Pierre de Tirmois, écuyer, sieur des Marais (1), capitaine de dragons au régiment de Rohan, arrivé dans la journée à Alençon et le jeune d'Alègre, du régiment des mousquetaires du roi, qu'il était allé chercher dans un cabaret du faubourg Montsort. Ils s'approchèrent de la première table où Jean Barbot et Bonvoust étaient assis, jouant au vingt cinq et à la rafle. Tout d'un coup Barbot ayant amené un nombre de points déplorable, de dépit jeta le cornet sur la table et le cornet roula sur le justaucorps de Tirmois. Barbot, en lui demandant excuse, se baissa pour ramasser son cornet. Tirmois alors qui paraissait un peu échauffé, le jeta d'un coup de pied de l'autre coté de la chambre en disant : « Remarquez-vous que je le pousse d'une autre manière et plus vivement que vous ne l'avez jeté ? Vous ne l'avez pas fait pour me choquer, je l'ai fait de même. » Bonvoust se contenta d'appeler le petit valet du café pour relever le cornet et le rapporter, mais son partenaire s'étant levé était allé le chercher et le jeu avait repris de plus belle.

Tirmois passa alors de l'autre côté pour se faire apporter du café. Pendant ce temps, Barbot et Bonvoust finissaient leur partie, Barbot déclarant qu'il avait perdu tout son argent et qu'il n'en avait plus pour jouer. Tirmois étant alors rentré dans la salle avec d'Alègre demanda aux joueurs pourquoi ils ne continuaient plus la partie et s'il y avait beaucoup de perte à leur jeu. Bonvoust ayant répondu que non, d'Alègre observa qu'ils ne jouaient pas bien sérieusement. Barbot répondit qu'ils jouaient comme ils voulaient jouer. — « Dites plutôt comme vous pouvez, riposta d'Alègre. » — « Au surplus finit par dire Barbot, Messieurs je ne sais ce que vous me voulez ».

Là-dessus Tirmois se leva de table et mit la main sur la garde de son épée en disant : « Est-ce à moi que vous parlez ? » Barbot répondit que non. Alors d'Alègre se leva et dit : « C'est

____

(1) La terre du Marais est située à Saint-Christophe-le-Jajolet, entre Mortrée et Argentan.

à moi, mortdieu ! » En même temps il tira son épée. Tirmois en tenant son épée haute mit la main gauche au devant de d'Alègre en criant : « Mortdieu ! C'est à moi ! », et s'avançant sur Barbot qui mit la main sur la garde de son épée et lui dit : « A qui donc ai-je affaire ? » Tirmois le poussa alors dans la porte avec son bras et le fit passer de l'autre côté où d'Alègre le poursuivit, toujours l'épée nue à la main.

Gillot de la Fortinière voulant s'interposer marcha à la rencontre de d'Alègre, la main sur la garde de son épée et lui dit « que quoi qu'il ne fût pas bien avec Barbot, il voulait pourtant arrêter ce duel, vu qu'il fallait que lui, d'Alègre, s'assurât de Tirmois et que quant à lui, il se chargeait d'arrêter Barbot. Tentative inutile. Déjà Tirmois avait poussé Barbot dans la cuisine et de là dans la cour. Un moment après Tirmois était trouvé dans la cour, debout et sans armes, tenant de sa main gauche le fourreau de son épée et criant : « Tirmois, j'en serai quitte pour un coup d'épée, mais demain je tuerai ce bougre-là ! »

Le dimanche suivant il était mort. Conduit d'abord chez un chirurgien de la rue du Jeudi, Jacob Clouet, qui avait constaté une plaie au côté gauche du ventre, à deux ou trois doigts du creux de l'estomac, de la grandeur de deux tranches de doigt, pénétrant la poitrine jusqu'au dessous de l'omoplate gauche. Transporté chez sa parente Renée Treton, veuve de Jacques de Boullemer, sieur de la Normandrie, vicomte d'Alençon, il fut inhumé dans le cimetière de l'église Notre-Dame, par les soins de Nicolas-François Le Paulmier, écuyer, seigneur et patron de Neuville-près-Sées, neveu d'Emmanuel Le Paulmier, beau-frère de Tirmois.

A la requête de l'avocat du roi, Claude Le Rouillé, dès le lendemain du duel, Barbot fut décrété de prise de corps, mais ce décret resta sans effet parce que Barbot avait jugé bon de se mettre à l'abri des poursuites en s'esquivant. Il fut d'ailleurs impossible de déterminer dans quelles conditions Tirmois avait reçu la blessure qui devait entraîner sa mort.

(1) Fils d'Isaac Clouet, marié le 4 février 1674 à Jeanne Le Maistre, baptisé le 5 février 1684 en l'église Notre-Dame (COMTE DE SOUANCÉ. *Documents généalogiques*, d'après les registres de paroisses d'Alençon, 1908, p. 103).

Le duel avait eu lieu sans témoins, on retrouva seulement dans la cour son épée rompue en deux tronçons et le chapeau de Barbot qui avait dû s'enfuir en voyant l'issue fatale de ce corps à corps qu'il n'avait pas provoqué. Au reste, des lettres de grâce du roi furent accordées à Barbot, moins d'un mois après. Le procureur du roi en fut informé dès le 14 avril et ces lettres furent adressées pour l'entérinement au prévôt général de la Connétablie, « attendu que le fait s'était passé entre militaires ».

M. Paul Blaizot, alors juge suppléant à Alençon, aujourd'hui juge au tribunal civil de Cherbourg, qui a relevé le premier ce curieux épisode dans les minutes du Présidial d'Alençon, suppose que très vraisemblablement le même café fut le théâtre de quelques autres querelles du même genre. Nous le croyons sans peine. Mais il est certain que les bourgeois paisibles, aussi bien que les porteurs d'épées, ne cessèrent pas pour cela de le fréquenter, ce qui nous rassure sur le succès de l'entreprise commerciale dont François Milon et la belle Lyonnaise, sa compagne, avaient doté la place du Palais dans ces dernières et tristes années d'un règne glorieux.

A la longue, ces galeries si favorables aux rendez-vous galants, si commodes pour les promeneurs par les temps de froidure et de pluie, ces porches si bien achalandés dont la location augmentait sensiblement le produit des immeubles en bordure, finirent par paraître très encombrants. Comme ils n'existaient que par tolérance, ils étaient assujettis au payement d'un cens ou rente au domaine, dont le taux avait été fixé par les lettres patentes du duc Jean II, dit le Beau, en date du 25 septembre 1470. La juridiction des Présidents trésoriers de France, généraux des finances et grands-voyers en la généralité d'Alençon, établie en 1636, et qui tenait ses audiences dans la grande salle décorée de cariatides de guirlandes, formant encadrement en relief pour le portrait du roi et pour les armes de France (aujourd'hui le Tribunal de commerce), fut saisie de cette question qui intéressait à la fois le domaine et la voierie. Le 1er avril 1697, les trésoriers de France de la généralité de Paris, avaient rendu une ordonnance portant règlement pour les pas de pierre, seuils, marches, avances de maisons et boutiques au vent, étalages, mon-

— 35 —

tres, etc., faisant saillic sur la voie publique. A leur tour, les trésoriers de France d'Alençon durent s'occuper de l'alignement de la place du Palais. En 1746, la démolition d'un porche, en saillie devant le Palais, fut imposée, sans aucune indemnité, au propriétaire de la maison contre laquelle il était construit. La suppression graduelle de ces porches ne s'opéra pas d'ailleurs, sans opposition de la part des propriétaires, qui éprouvaient de ce fait, une diminution sensible de leurs revenus. A La Ferté-Macé, un long procès s'éleva au sujet des porches de la place du Marché, contre l'engagiste du domaine, le comte d'Argoupes, et les habitants propriétaires de ces maisons (1).

Toutefois la suppression des porches d'Alençon ne fit pas disparaître l'importance de la place du Palais.

Jusqu'à la construction de la Halle aux Toiles, c'est-à-dire en 1832, c'est sur cette place, comme l'atteste l'abbé J.-J. Gautier, que se vendaient les fils, les toiles, qu'étalaient les petits merciers, les petits bouchers, etc. Ses abords étaient très fréquentés, et les places voisines, celle du Puits-des-Forges et celle du Cours, bénéficièrent des avantages que sa situation centrale offrait au commerce.

Le Puits des Forges et plusieurs maisons situées rue du Jeudi et rue du Bercail, autrefois dénommée rue de la Personne, étaient dans la mouvance de l'abbaye de Perseigne, comme faisant partie des donations aumônées à cette abbaye au xiiᵉ siècle. On connaît la suite des possesseurs d'une de ces maisons, au moyen des déclarations faites successivement de 1640 à 1687, par François Bouvet et David Bouvet, écuyer, sieur de Vittemonnière, en 1690, par Pierre Dugast, marchand, qui s'en était rendu acquéreur, en 1772, par Pierre-René Dugast son fils (2). Sous le règne de Louis XIII, un autre marchand, établi sur la même place, se recommanda à notre souvenir par la gravure de sa marque pour la fabrique des cartes à jouer dont il paraît intéressant de donner la description. Au milieu du dessin, on remarque un buisson d'aubépine

(1) WILFRID CHALLEMEL. *Dans le passé fertois. L'affaire des Porches (1749-1750)*. (*Echo de La Ferté-Macé*, novembre et décembre 1908).

(2) Archives de l'Orne. H. 513.

en fleur, surmonté de la couronne royale ; les deux côtés du pied de l'arbuste, les initiales C C. Autour du dessin, de figure ovale, on lit cette devise :

LESPINE. ESTANT. EN. FLEVR. SENT. UN. TRES
BON. ODEVR (1)

Ce dessin est appliqué sur un cartouche que soutiennent de la main gauche deux personnages : à droite, une femme vêtue d'une robe fleurdelisée, couronnée de fleurs, la chevelure flottante laissant échapper des fleurs de sa main droite ramenée vers la poitrine; ses pieds sont nus. Au-dessus de sa tête on lit : JEUNESSE. De l'autre côté on voit un homme sur la tête duquel est écrit RICHESSE. il porte une couronne à pointes en forme de dents de scie, son cou est orné d'un collier, il est vêtu d'une sorte de cuirasse et par dessus laquelle est passé un arc ou un baudrier.

Cette marque de fabrique est dans un encadrement, ou plutôt, enfermée entre deux linteaux, chargés d'une double légende. Des deux côtés sont deux larges tenons, destinés à fixer cette espèce d'enseigne. Dans le linteau du haut, est inscrite cette légende: × A × LEPINES × COURONNEE

Au bas, en très grosses lettres :

CARTES. TRES. FINES, FAITE, PAR CHARLE. CAR-
DON. MARCHAND. CARTIER, DEMEURANT. AV PVIS.
DES. FORGE. PROCHE LEGLISE. NOTRE DAME. A
ALANCON.

ENTIERE

Il est peut-être utile d'ajouter que les fabricants de cartes à jouer ou cartiers étaient alors dans l'usage de faire graver

---

(1) Dans le but de rapprocher notre langue des formes latines, les grammairiens du xvi⁰ siècle avaient essayé de donner à *odeur* le genre masculin ; mais bientôt cet usage cessa d'être suivi. Jean Nicot, dans son *Théâtre de la langue française*, publié en 1608, cite comme exemples de l'emploi de ce mot « odeur forte, grande odeur, mauvais odeur. » La persistance de cet usage dans la devise de Charles Cardon est un indice de l'époque à laquelle elle remonte. Ce qui confirme cette opinion, c'est le style du dessin de sa marque et le costume des deux personnages qui y figurent.

leurs marques et armoiries sur les couvertures de chaque paquet
ou jeu. Mais en vertu d'un édit de l'année 1622 ils ne pouvaient
imprimer ces enveloppes que sur un papier spécial qui leur était
livré par le fermier du droit établi sur les cartes à jouer. On voit
par le bail de Vallette, du 26 janvier 1629 que ces enveloppes
devaient être de couleur différente d'un bureau à un autre.

Le choix des devises et de l'ornementation de la marque était
laissée à la fantaisie de chacun. Sur l'enseigne de Goury Fuzelier,
de 1676 à 1686, figurait la croix de Lorraine, accompagnée d'un
côté par une femme tenant une pomme encore attachée à une
branche à laquelle est enroulé un serpent, de l'autre un homme
nu, tenant une autre pomme. A Marseille, Pierre Cheminade,
marchand cartier près de l'Opéra, rue de Rome en 1736, avait
décoré sa vignette des armes de France et de celles du dauphin.
Des deux côtés deux génies, l'un tenant une palme, l'autre une
conne. Devise : *Les fortunes et les honneurs se passent comme les
fleurs.*

Deux bureaux de fabrication des cartes étaient autorisés
dans la généralité d'Alençon, le premier au chef-lieu, l'autre à
Lisieux.

Pour avoir une idée de l'importance du commerce et de la
fabrication des cartes à Alençon, il faut remarquer qu'en 1716,
lorsqu'il fut procédé aux baux de la ferme générale des cartes
pour la levée du droit de 12 deniers sur chaque jeu pendant neuf
ans, les généralités de Rouen, Caen et Alençon étaient évaluées
à un revenu de 6.000 livres, celle de Bretagne à 6.000, celles de
Poitiers, Limoges, la Rochelle, à 3.500.

En 1745, les maîtres cartiers établis au Mans étaient au nombre
de 11, et on estimait que leur commerce était médiocre, à cause
de la concurrence des villes de Laval et de Chartres qui fabri-
quaient aussi des cartes. Le droit de se livrer à cette fabrication
fut alors retiré à ces deux villes.

Les cartes imprimées au Mans étaient d'une exécution soignée
et au portrait de Paris.

En 1767 les merciers du Mans adressèrent une requête au
Contrôleur général, le 16 décembre, pour le prier d'imposer
défense aux cartiers de vendre d'autres papiers que ceux dépendant de leur manufacture de cartes. Dans leur défense les cartiers produisirent des certificats de leurs confrères d'Alençon,

d'Angers, de Rennes, du Havre, affirmant que jamais ils n'avaient eu de contestations avec les merciers au sujet de la vente des papiers et autres fournitures, comme plumes, gaînes, étuis bois, écritoires, encre, etc.

On sait que ces contestations entre les différents corps de métiers relatifs aux attributions et aux privilèges de chacun d'eux étaient fréquentes (1).

Le Cours

La place du Cours, où la poste était encore installée en 1800 et où l'annexe de l'Hôtel de France, porte encore son ancien nom, d'Hôtel de la Poste (2), date de l'époque où cette ville avait enfin été autorisée à élargir sa ceinture de murailles qu'admirait Dubuisson-Aubenay, en 1636, et qu'il décrivait ainsi : « La ville est petite et ramassée, bien jolie (3). » Elle dut cette faveur à Antoine de Barillon de Morangis, intendant pour le roi à Alençon. Une délibération des maires et échevins d'Alençon, du 30 avril 1678, nous a conservé l'analyse de l'exposé qui motiva cette importante décision :

« M. de Morangis, intendant de la généralité, fait connaître qu'il est d'utilité publique, de faire une ouverture dans la muraille du boulevard de la porte de Sées, au lieu où il est entièrement ruiné, pour aller droit à la maison de Son Altesse Royale, pour éviter le détour qu'elle est obligée de faire lorsqu'elle vient à la grande église (4), et des inconvénients qui pourraient arriver à sa personne, à cause du détour du pont-

---

(1) Henri d'Allemagne, *Les Cartes à jouer, du* XIVe *au* XVe *siècle*. Paris, Hachette, 1906, 2 vol., in-4°.

(2) Nous voyons en 1825 l'auteur de *l'Ermite en province* descendant la rue Saint-Blaise et après avoir admiré la façade de l'hôtel de la Préfecture, « monument remarquable pour une ville de province et autrefois palais de la duchesse de Guise », se rendait hôtel de la Poste.

(3) Dubuisson-Aubenay. *Itinéraire de Bretagne en* 1636 (Archives de Bretagne). Non les sociétés des bibliophiles bretons, t. X, p. 197.

(4) L'église Notre-Dame était généralement désignée sous ce nom.

levis, sur lequel il faut passer, lequel est fort étroit et souvent rompu. » (1)

M. de Morangis, ne se contenta pas de rendre plus accessible l'entrée de la porte de Sées, pour le plus grand avantage des habitants aussi bien que pour la commodité de son Altesse Royale, Mme la duchesse douairière de Guise, duchesse d'Alençon. En 1683 il autorisa la construction de maisons sur les fossés de la même porte de Lancrel et de la porte de Sées. Sa nomination à l'intendance de Caen l'empêcha d'achever la transformation de la ville qu'il avait si bien commencée. La création du Cours fut l'œuvre de J.-B. de Pommereu, nommé intendant en 1689. Il autorisa la ville en 1692, à faire planter sur les fossés, entre le faubourg de Saint-Blaise et celui de Lancrel deux avenues d'ormeaux, pour en faire une promenade à laquelle on donna le nom de Cours. « En 1758, M. Lallemant de Levignen, intendant, qui a fait toutes sortes de bien à Alençon, qui a ouvert les grandes routes, élevé la Pyramide, Saint-Blaise, etc., embellit aussi le Cours et fit planter des tilleuls à la place des ormeaux qui dépérissaient. M. de Levignen est mort à Alençon en 1767 et a été inhumé dans la chapelle de la Charité. On a oublié le plus illustre bienfaiteur de la ville, et on a effacé jusqu'à son épitaphe (2).

Nous savons gré à l'abbé Gautier, pour notre part, du mouvement généreux, qui lui a dicté cet hommage à la mémoire d'un homme vraiment supérieur à ses fonctions, que pendant quarante années Alençon eut le bonheur de posséder, et auquel j'ai consacré une notice bien incomplète (3). J'ai pu cependant, faire connaître que ce ne put être en 1758, que les deux allées d'ormes qui décoraient cette promenade furent abattues et remplacées par des plantations de tilleuls,

---

(1) Antoine Barillon de Morangis était juge honoraire du Puy des Palinods de Caen en 1683. C'est à ce titre qu'on lui adressa une épigramme latine sur un phénomène atmosphérique survenu le 26 novembre 1683 et observé à Caen. (Tougard. *Les trois siècles palinodiques*, t. II, p. 126. Société de l'Histoire de Normandie, 1898).

(2) *Lallemant de Lévignen, intendant d'Alençon. Son mémoire sur la généralité d'Alençon en 1727*, par Louis Duval. Caen, Delesques, 1910, in-8°.
Tirage article d'un mémoire paru dans *l'Annuaire des cinq départements de la Normandie*, publié par l'Association Normande, 77ᵉ année, 1910.

(3) J.-J. Gautier. *Histoire d'Alençon* (Alençon, Malassis le jeune, place du Cours, p. 173.

comme l'a dit plus tard M. Léon de La Sicotière. Il est certain
en effet, que l'arrêt du Conseil d'Etat qui permit aux maires
et échevins d'Alençon, d'abattre les ormes du Cours ne fut
rendu que le 23 juin 1762 et que l'exécution en fut même sus-
pendue pendant quelque temps, par suite d'un conflit de juridiction dont on peut suivre le détail dans la liasse C 1219,
aux Archives de l'Orne, mais dont il paraît intéressant de
donner le résumé. Un bon nombre de nos contemporains igno-
rent, en effet, très probablement que sous le régime de la
Monarchie absolue l'action du pouvoir central, que tant de
publicistes modernes nous ont représentée comme s'exerçant
sans contrôle possible, avait au contraire pour contre-
poids et pour frein les organes mêmes qui concouraient à
l'exécution des édits et ordonnances et des arrêts des Conseils
du Roi. Cette indépendance relative des corps judiciaires et
administratifs constituait alors ce que nous appelons la
liberté, dont la jouissance et l'exercice contribuent si puis-
samment à tremper les caractères et à les rendre plus fermes
dans la pratique des devoirs professionnels et des vertus
sociales. Or l'incident sur lequel nous voulons nous arrêter
nous offre un exemple des avantages que pouvait offrir le
droit de remontrances accordé aux magistrats et aux fonctionnaires, lequel d'ailleurs, nous ne l'ignorons pas, pouvait
comme toutes les institutions humaines, donner lieu à de
graves abus.

L'arrêt du 23 juin 1762, obtenu par M. de Levignen,
contenait deux dispositions en faveur de la ville d'Alençon,
l'une autorisait les maire et échevins à abattre les arbres du
Cours, l'autre à démolir l'ancien moulin à poudre du château,
et à employer les matériaux à la réparation du pont de la
Chaussée. Cette dernière disposition, suivant les *Notes sur
Alençon* (p. 54, 55), auxquelles nous aurons à faire quelques
emprunts paraît avoir été exécutée sans difficulté, dès le
mois de février 1763. Quant aux arbres du Cours, soixante-dix-
sept pieds en furent arrachés, par ordre de la municipalité,

---

(1) *Mémoires historiques sur la ville d'Alençon et sur ses seigneurs*, par
Odolant-Desnos. Seconde édition, par M. Léon de La Sicotière. Poulet-
Malassis et De Broise, libraires-éditeurs à Alençon, place d'Armes et à Paris,
4, rue Buci, 1858, tome premier, seul paru, p. 188. Note.

mais sans l'attache du grand maître des eaux et forêts au
département d'Alençon, sans l'enregistrement au greffe d   a:
maîtrise particulière d'Alençon et sans tenir compte des
protestations du procureur du roi près de cette juridiction.
Procès-verbal de cette entreprise fut dressé le 19 février,
par les officiers de la maîtrise, en présence des échevins
et du procureur-syndic de la ville qui, de leur côté firent
entendre leurs protestations au sujet des offres qu'ils avaient
faites de se soumettre aux formalités prescrites par l'ordonnance des eaux et forêts du mois d'août 1669.

Le procureur du roi en la maîtrise crut alors de son devoir
de présenter au roi en son Conseil une requête dans laquelle
il exposa que l'arrêt du 23 juin lui-même constituait une
entreprise dangereuse contre les intérêts du domaine et contre
la juridiction des eaux et forêts, attendu que les arbres de
l'espèce dont il s'agit, dit-il, ne « peuvent être coupés qu'en
« vertu d'arrêt du Conseil intervenu sur avis du sieur Grand
« Maître et qu'à lui seul ou aux officiers sur la Commission,
« il appartient d'en faire la délivrance ou la vente, à l'exclu-
« sion de tous autres juges et des maires et échevins des
« villes ou il y a maîtrise ; que c'est ce qui s'est pratiqué
« depuis peu, à l'occasion des coupes et ventes des arbres des
« fossés, cours et remparts des villes de Provins, Nogent
« et Nangis, les arrêts en ont été adressés au Grand Maître
« de Paris et ont été exécutés par les officiers de maîtrise
« de Provins ; que si l'on s'écartait de ces règles, il en naîtrait
« le plus grand désordre et peut-être la ruine des bois, des
« villes et des communautés ; qu'étant important, dans les
« circonstances présentes. de rappeler les loix et les mettre
« en vigueur, le suppliant a été conseillé de se pourvoir ».

La noblesse de caractère, l'énergie dont le procureur du roi
fit preuve en cette circonstance nous semblent pouvoir être
encore aujourd'hui proposés comme exemple aux magistrats. Sa requête d'ailleurs fut aussitôt accueillie ; l'arrêt du
23 juin fut révoqué comme illégal. Mais un nouvel arrêt
qui fut obtenu, le 22 mars 1763, permit « aux maire,
« échevins et habitants de la ville d'Alençon de faire couper
« et arracher les arbres qui forment le Cours de la dite ville
« et ce suivant la délivrance qui leur en sera judiciairement

« raite au siège de la maîtrise particulière d'Alençon, audience
« tenante par les officiers d'icelle, sur la Commission du
« sieur Geffroy, grand maître des eaux et forêts du dépar-
« tement d'Alençon ; à la charge par les maire et échevins
« d'employer le prix desdits arbres aux réparations à faire
« à la chaussée du château de la dite ville et de remettre
« au greffe de ladite maîtrise les pièces justificatives dudit
« emploi un an au plus tard après que lesdits arbres auront
« été arrachés, a la peine de restitution de la valeur d'iceux
« et d'amende arbitraire ; et attendu la modicité de l'objet,
« Sa Majesté a dispensé et dispense lesdits maire, échevins
« et habitans, pour la coupe des arbres, dont est question,
« de la formalité des lettres patentes, portée par l'ordonnance
« des eaux et forêts du mois d'août 1669. »

Les *Notes sur Alençon*, citées plus haut et écrites après la
publication des *Mémoires historiques sur Alençon*, par Odolant
Desnos, nous mettent à même de compléter en quelques mots
l'histoire de l'établissement du Cours.

« En 1764, le Cours fut dressé par les soins de M. de Lévi-
« gnen, intendant, et au mois de février 1765, on y planta
« des tilleuls. M. de Lévignen étant mort le jeudi 26 fé-
« vrier 1767, M. Jullien, son successeur, a abandonné ce
« projet et y a placé le marché pour la vente des bestiaux ».

Le même manuscrit nous apprend (p. 264), que les rues
de la ville et faubourgs d'Alençon furent numérotées et leurs
noms écrits « au coins d'icelles, en 1772 ».

L'auteur ajoute, dans ses Additions (p. 2), que les cinq portes
de la ville; celles de Lancrel, de Sées, de la Poterne, de Sarthe
et de la Barre, furent démolies en 1776 et 1777. — « En 1774,
le Roy abandonna le Parc à la ville d'Alençon et en 1784 on
y commença les Promenades. On a bâti dans ce Parc un fau
bourg neuf nommé le faubourg de Bretagne. »

La correspondance de l'intendant Jullien, nous initie
d'ailleurs complètement aux projets grandioses qu'il avait
formés pour l'embellissement de la ville. En 1771, il avait
étudié un projet d'abandon par le roi à la ville, du Grand Parc
d'Alençon, de l'ancien Palais et des prisons royales, y atte-
nantes, situées rue du Jeudi, de 27 toises ou 324 pieds de long,
une façade en retour sur la place du Palais jusqu'au bâtiment

de l'Hôtel de Ville, y comprenant la cour de l'ancienne chambre de l'Election, la grande salle d'audience, la grande salle des procureurs, la chapelle des prisons, la chambre du géolier et la cour des prisonniers. Les indications qu'il renferme sur les nombreuses juridictions et établissements publics qu'à l'intérieur les vieux bâtiments de la place du Palais sont surtout précieuses. On doit mentionner encore à l'honneur de Jullien le projet de promenades publiques sur l'emplacement des anciennes fortifications du château qui date de 1776 (1).

C'est sur la place du Cours que Jean-Zacharie Malassis, dit le jeune, transporta, vers cette époque, son imprimerie de la rue du Jeudi (2). Le premier ouvrage sorti de ses presses de la place du Cours paraît-être un *Recueil de plusieurs indulgences*, chez J.-Z. Malassis, le jeune, imprimeur, place du Cours, M.D.CC.LXXXVI, in-16, 24 p. C'est là qu'il inaugura, en 1788, la publication du premier journal qui ait paru à Alençon : *Affiches, annonces et avis divers de la province du Perche*, in-8°.

Un bon chanoine de Verdun, docteur de Sorbonne et quelque peu poète, l'abbé de Chaligny, dont nous devons la connaissance à M. Jules Lair, eut l'heureuse pensée de visiter Alençon en 1788 et de consigner ses impressions de voyage dans un recueil intitulé *Fleurs de la Normandie* (3). Il paraît qu'il fut frappé des avantages que lui procurait la disparition de ses remparts devenus inutiles et des portes qui se rencontraient naguère à l'entrée des principales rues et enfin de l'aspect de son marché :

Pace novas acquirit Alentio vires,
Tenditur et murus qui malè nullus erat.

La modeste rue de Casault, dont le nom ne dérive surement pas de *Casa alta*, mais plutôt de *Casellulae*, « petites cabanes »,

(1) Archives de l'Orne, C 231 et C 238.

(2) L'imprimerie de Malassis le jeune était située place du Cours, près de l'Hôtel de Jupilles.

(3) *Etude sur les Fleurs de Normandie* (*Normanniae Flores*), recueil de poésies latines et françaises de Marie-André de Chaligny, chanoine de Verdun, par Jules Lair, Caen, typographie Domin, Cour de la Monnaie, 1859, in-8°, 40 p.

commençait à s'embellir (1). Partout d'ailleurs les coquettes constructions en bois faisaient place à Alençon à des portiques dignes de Minerve :

Ecce casos humiles non amplius advena cernit.
Lignea quæ fueras, urbs nova, tolle caput.
Splendide quae pessim, consurgunt, arte potenti
Atria hæc dixeris Palladis esse domus.

Nous invitons ceux qui nous feront l'honneur de nous lire de s'associer au fraternel salut que le futur membre de l'Académie des Inscriptions adressait alors, il y a un demi-siècle, au vénérable chanoine :

« J'ai voulu, dit-il, reconnaître la bonté avec laquelle Chaligny traita jadis les Normands. Bon chanoine, ne vous plaignez pas trop, si les ombres se plaignent. Ce souvenir d'un jour combien ne l'auront pas ! Ce que j'ai fait pour vous, qui le fera pour moi dans cent ans ? »

La place du Cours fut la dernière station du char triomphal de la République et de la Montagne, le 20 prairial, an II, lorsque Robespierre, après avoir triomphé des anarchistes, de l'Alençonnais Hébert dit le Père Duchesne et d'Anacharsis Cloots baron allemand, devenu «l'Orateur du genre humain», se fut débarrassé de ses anciens amis Danton et Desmoulins, comme trop modérés et eut fait rendre le fameux décret qui ordonnait de célébrer la fête de l'Etre suprême. Or le 20 prairial, jour de décadi, correspondait justement au dimanche de la Pentecôte. Il est difficile de croire que cette coïncidence ait été fortuite. On peut y voir au contraire une tentative de fusion de l'ancien culte avec le système physiothéocratique qu'il prétendait instituer et dont il entendait être le grand pontife, ce qui lui fut fatal. On sait le rôle équivoque que Dom Gerle, ancien prieur de Valdieu, joua dans cette affaire. Ce qui est certain c'est que l'administrattion du département de l'Orne parut

(1) Cependant en 1821, les rues de Casault, de Lancrel et de l'Ecusson, avaient encore l'aspect de rues de village. « Les fléaux retentissent dès le matin, dans les rues de Casault de Lancrel et de l'Ecusson, dit l'abbé Gautier, (*Histoire d'Alençon*, p. 171), — « Le soir, ajoute-t-il dans son *supplément à l'Histoire d'Alençon*, p. 116), les fléaux cessent de retentir dans les faubourgs, Lancrel, Saint-Blaise et Casault. »

alors s'associer à la politique de Robespierre en s'empressant d'envoyer une Adresse de félicitations à la Convention, avec des actions de grâce à l'Etre suprême, pour la protection qu'il venait d'accorder à la nation dans la personne de ses représentants. Cette adresse fut lue à la Convention, qui en ordonna l'insertion au Bulletin de ses procès-verbaux, avec mention honorable.

Le programme de la fête de l'Etre suprême, imprimé à 600 exemplaires, fut adressé à tous les membres des administrations, à toutes les communes du département. On conserve aux Archives de l'Orne (L. 717), le bon à tirer de Leyé (1). Le discours de J.-J. Chauvin, agent national près le district d'Alençon, imprimé à 500 exemplaires nous édifie également sur les pensées intimes du monde officiel d'Alençon à cette époque. Il paraît donc utile de donner au moins quelques extraits de ce curieux programme.

En tête du programme on lit cette déclaration emphatique : « Point ici de ces bruits aigus, de ces farouches cloches, signal des Vêpres siciliennes et de la Saint-Barthélemy. La fête d'un grand peuple à l'Etre suprême ne peut-être annoncée par ces sons lugubres. » Il nous fait maintenant passer à l'examen des symboles et des rites qui exprimaient le caractère du nouveau culte. Un autel antique fut élevé au centre de la place d'Armes, au-dessus duquel avait été placé le faisceau sacré de la République, entouré de ses divinités chéries, la Nature, la Liberté et l'Egalité, liées ensemble par des guirlandes de roses, des branches d'ormeau, de chêne et des tiges de graminées, symbole des vertus républicaines. Entre ses mains, la Nature tient un phylactère, sur lequel on lit : « Peuple libre ! Suis de la Nature les impressions ; elles te conduiront à connaître l'Etre suprême mon auteur. »

Après un hommage rendu à la République et à la Montagne, le cortège, suivi du peuple, se met en marche. Au milieu s'avance le char de la République et de la Montagne, monté par une jeune fille vêtue à l'antique, casque en tête, une

(1) Levé (Jean-Nicolas), né à Gisors, le 8 avril 1755, administrateur du département, nommé conseiller de préfecture de l'Orne le 3 floréal an VIII, mort le 8 novembre 1814.

pique surmontée de bonnet phrygien à la main. Derrière elle, sur un brasier antique, brûle l'encens entretenu par quatre jeunes gens et quatre jeunes filles vêtues à la grecque. Tout autour des enfants ornés de roses « formaient un sanctuaire ambulant. »

On remarque alors un groupe de femmes dont plusieurs tiennent en leurs bras leurs enfants à la mamelle. Sur leurs têtes se déploye une enseigne, où on lit cette devise : « Fécondes, nous renouvellerons l'espoir de la Nature et à la Patrie nous donnerons de nouveaux défenseurs ! »

Suit le char de la Nature « monté d'une jeune femme vêtue d'une tunique jaune et verte, symbole des couleurs des productions de la Nature. Elle porte devant elle les figures de la Liberté et de l'Egalité, unies à elle par des liens d'orme, et de roses. » Des deux côtés du char, les corps administratifs mêlés ensemble sur deux lignes font une assez pauvre figure, avec leur enseigne qui porte cette triomphante et menteuse inscription : « De la Patrie et du Peuple nous soutiendrons les droits. Déjà nous avons écrasé l'Aristocratie et le Fanatisme. »

Le véritable peuple était représenté par l'armée, les sapeurs, la compagnie des canoniers de Paris et la compagnie de la garde nationale d'Alençon, chacune traînant une pièce de canon qui entourait le char de Mars, traîné par deux chevaux noirs portant douze faisceaux ornés de couronnes civiques, représentant les douze armées de la République. Aux quatre angles du char, on voyait les bustes de Brutus, de Marat, de Le Pelletier et de Charlier.

Le cortège défila dans cet ordre par les rues du Château, de Sarthe, par le carrefour de Montsort, le Pont-Neuf, la rue aux Cieux (sic), la rue du Collège et enfin le Cours, d'où on devait se rendre au temple de l'Etre suprême (l'église Notre-Dame).

Différentes décorations symboliques ou, pour employer les termes même du programme « hiéroglyphiques », étaient dressées aux endroits où la procession devait s'arrêter. Dans le faubourg de Montsort, qui eut, comme de juste, sa part de la fête, sur la place des Poulies s'élevait un trophée surmonté d'une pyramide, sur laquelle étaient inscrits les noms des défenseurs et des amis de la liberté. Au carrefour de la place d'Armes, à l'entrée de la rue du Collège, un spectacle étrange

frappait les regards. Rome avait eu sa colonne lactaire, au pied
de laquelle, les mères coupables, déposaient leurs enfants ;
Alençon eut son arbre lactaire, figuré par un orme, à côté
duquel était placé un berceau contenant deux enfants. A
l'approche du char de la Montagne, on entend des cris plain-
tifs et l'on voit deux vieillards présenter ces enfants à la
déesse. Celle-ci, sensible à leur malheur, les tire de leur berceau, les place sur son sein et déclare les adopter. Le char se
remet alors en marche jusqu'à l'Hôpital militaire, « où la
Patrie reconnaissante procure à ses zélés défenseurs les secours
de l'humanité », pour parler comme en l'an II. « De ver-
tueuses républicaines volent vers le char, les bras tendus,
priant la déesse de leur accorder ces enfants pour leur prodi-
guer leur lait, leurs tendres soins. La déesse les embrassant,
les quitte avec peine. Elles reçoivent avec empressement les
nourrissons sur leur sein palpitant et ceux-ci sont bientôt
abreuvés des bienfaits de la Nature. »

Nous arrivons enfin à la place du Cours.

« Arrivé au détour du Cours, un magnifique arc de triomphe,
embelli des dons de la Nature, présente aux yeux du peuple un
aspect enchanteur : de tendres arbrisseaux entremêlés de
fleurs, en forment les avenues. L'âme, au milieu de mille par-
fums, se livre au plaisir. L'inscription simple et élevée du
frontispice lui fait jeter les yeux vers le ciel, en lui imprimant
la vérité de l'inscription : A L'ETRE SUPRÊME.

« Le char de la Montagne, passe en triomphe sous l'arc,
entouré du premier groupe du peuple et de la musique ; des
enfants roulent un cube sur lequel se pose aussitôt le brasier
antique, où fume l'encens en l'honneur de la divinité. A
l'instant, le peuple chante l'hymne : *O Dieu, que l'univers
adore.* L'hymne fini, la marche se continue jusqu'au temple,
où cette fête se termine par un discours.

« NOTA — Sur le cube que les enfants roulent sous
l'arc se lisent ces mots : *Le peuple Français à l'Etre suprême
et à l'Immortalité de l'âme* (1). »

(1) Cette pièce, communiquée par M. de La Sicotière à M. Eugène de
Beaurepaire, a été reproduite par lui dans le *Tribunal criminel de l'Orne
pendant la Révolution*. Paris, A. Durand, 1866, in-8°, p. 165-172. Elle a été
également reproduite dans l'*Annuaire de l'Orne*, année 1867, partie historique.

Un contemporain trop oublié dont nous aimons à invoquer le témoignage, parce qu'en l'an XIV de la République, alors que tous les fronts se courbaient devant le premier Consul, il osa rappeler le souvenir du dernier duc d'Alençon, « où il n'est jamais venu, dit-il, mais où il est encore connu par ses bienfaits, et qui traîne aujourd'hui sa pénible existence au fond de la Russie (1) », l'abbé J.-J. Gautier, dans son *Histoire d'Alençon*, chez Malassis le jeune, imprimeur, place du Cours, nous a donné une description du Cours, qui ne paraît guère se rapporter au cadre dans lequel, d'après le programme officiel, la fête du 20 prairial avait pu se dérouler.

La place du Cours est à peu près de figure carrée et ne présente rien de frappant dans son enceinte. Le sol est plus élevé que le niveau de la rue (2), ce qui est fort incommode. Comme elle sert de marché pour les bœufs, lorsqu'ils ont détrempé les boues dans un temps pluvieux, elle est exactement inabordable.

(1) Il n'avait pas oublié que la princesse de Conti qui, elle aussi, connut les douleurs de l'exil avait eu la bonté d'accepter la dédicace de son roman *Jean Le Noir ou le Misanthrope*, par M. Gautier, curé de la Lande-de-Gul. Paris, Hôtel de Bouthier, rue des Poitevins, 1789, in-8° 246 p. Ouvrage médiocre, mais qui renferme quelques peintures locales qui le fait encore rechercher.

Ces marques de bon cœur doivent nous rendre indulgents pour les erreurs, les écarts dans les quels son esprit un peu léger a pu le faire tomber. On n'eut jamais, du reste, rien à lui reprocher du côté des mœurs. Dans tous les temps, il donna des preuves d'indépendance d'esprit et de caractère, ce qui est rare. Ses *Caractères Nouveaux*, par l'auteur des *Mœurs Champêtres*, Alençon, Malassis fils, 1791, in-8° 36 p., renferment des portraits d'après nature et des jugements très libres qui vaudraient la peine d'être relevés ; ils sont instructifs :

P. 5. « Les bonnes gens ne connaissent pas la liberté, ils ne savent pas ce que c'est. X*** ne fait aucun cas de la qualité de citoyen actif, n'assiste à aucune assemblée primaire et ne veut pas se donner la peine d'être libres. »

P. 33. « X*** Né sacriste, par la grâce de Dieu, maître d'école de village, et maître chantre de l'église par l'autorité du presbytère, est devenu par le libre choix de ses concitoyens, maire, électeur et prud'homme ; il porte dans sa tête tout le conseil de la commune embrasse avec un saint enthousiasme toutes les lois nouvelles, mais il repousse durement la loi du marc d'argent, qui l'empêche d'être législateur. »

P. 35. « X*** N'est pas de ces patriotes qui attendent en paix les bienfaits de la Constitution, il fait lui même des lois dans les petits clubs. Si on l'en croyoit on auroit déjà établi le divorce sur de bons fondemens, et pour une chiqueuaude deux époux s'enverroient réciproquement le libellé de répudiation ; on auroit aboli le célibat clérical à tout jamais et on obligeroit les prêtres de prendre chacun deux femmes en dédommagement ou plutôt en punition du temps passé. »

(2) L'ancien niveau de la place du Cours actuelle a été sensiblement abaissé depuis la construction de la Halle aux Toiles où le sol est resté bien plus élevé.

Dans son *Supplément à l'Histoire d'Alençon*. (Alençon, de l'imprimerie de Poulet-Malassis 1821), l'abbé J.J. Gautier est entré dans plus de détails :

Depuis 1781 il s'est fait bien des augmentations et des embellissements dans la ville d'Alençon... La place Bourbon (1) est une des plus belles. On a planté depuis peu sur cette place une avenue, du coté de la rue de Bretagne.
La place du Cours était couverte de boue et inabordable ; lorsque l'on y a planté plusieurs avenues d'arbres, elle est devenue fort jolie.

L'abbé Gautier a également consacré une note à la rue du Cours, différente de la place.

« La rue du Cours mérite une attention particulière. Elle est très bien pavée et la seule qui ait des trottoirs. Le pavé appartient aux riches, permis à eux de le briser sous les roues de leurs voitures et les pieds de leurs chevaux. Le pauvre piéton est relégué sur les trottoirs et file modestement le long des maisons, de peur d'être éclaboussé. On devrait bien en avoir un peu de pitié, applanir son chemin et l'adoucir. »

Qui l'aurait cru ? L'abbé Gautier a poussé la complaisance jusqu'au point de nous initier à la connaissance intime de l'humble flore du Cours, à laquelle personne avant lui. pas même l'auteur de la *Flore du département de l'Orne* (Alençon, Malassis le jeune, place du Cours, an XII), n'avait fait attention:

La partie pavée du Cours est couverte de l'inextricable *Polygonum aviculare* ; l'autre partie, encaissée de cailloux, est raboteuse. En applanissant le terrain et en y répandant une couche épaisse de sable graniteux, on se procurerait un sol doux, ferme, toujours sec et propre comme celui des rues Traversière et les Promenades. Si la *renuée* voulait encore s'y établir, on s'en délivrerait facilement avec une simple rotissoire. Il conviendrait de planter deux rangs de tilleuls et par ce moyen la ville aurait son Cours du Nord.

(1) Ce vieux nom, à demi effacé, se lit encore à l'entrée de la place du côté des Promenades dénommée place d'Armes sous la République; elle prit le nom de place Bonaparte sous le Consulat et c'est celui sous lequel elle est décrite dans l'*Histoire d'Alençon*, en l'an XIV (1805).

La *Traînasse*, ou Renouée des oiseaux a donc ainsi obtenu l'honneur d'une mention de la part du bon abbé Gautier, dans son *Histoire d'Alençon*. Dans son chapitre X, consacré aux « Animaux » il est revenu à la charge contre cette plante, justement détestée des cultivateurs et des jardiniers. C'est à propos des oiseaux dont, avant Léon de La Sicotière, qui l'a bien connu, il s'était constitué l'avocat officieux : « Pendant l'hiver, dit-il, des nuées de Corneilles couvrent les campagnes pour détruire les mauvais herbes, surtout celles du *Polygonum aviculaire*, extrêmement nombreuses. » (1)

La dernière transformation du Cours, date de 1827. Le 7 septembre de cette année la ville d'Alençon avait l'honneur de la visite de Son Altesse Royale la duchesse d'Angoulême, qui, le lendemain, devait se rendre à Argentan. Elle y posa la première pierre de la Halle aux Toiles. A cette occasion une riche corbeille garnie de mousselines et de point d'Alençon, contenant une mantille, trois douzaines de paires de gants et de chapeaux de paille d'Italie, de la fabrique de M. Bouillon, fut offerte à Son Altesse Royale, par douze jeunes demoiselles de la ville, qui lui furent présentées par M. de Chambray, maire d'Alençon.

(1) Les végétaux, comme les animaux, ont eu un brillant chapitre dans l'*Histoire d'Alençon* : « On peut dire que Flore a répandu dans ce pays ses plus précieuses richesses, qu'elle y règne dans toute sa beauté, que sa couronne est ornée des plantes les plus rares... Je ne parle point du *Quercus robur* qui implante ses racines dans les fentes des rochers, du *Sorbus Avicularis* (ou Aucuparia, d'après A. de Brébisson, du *Caprifolium* (Chèvrefeuille, Viorne, Cochène, Obier ou Rose de Gay), qui réunit ses tiges sarmenteuses, les entrelace et forme, dans la forêt d'Ecouves, les plus belles arcades, lorsqu'il est en fleur. » Son réquisitoire contre les insectes nuisibles n'est pas moins éloquent : « Les uns, dit-il, dévorent les racines des plus précieux végétaux, les autres attaquent la tige, les autres dépouillent les feuilles, souvent, au milieu de l'été, le pommier, cet arbre si précieux, dévoré par les chenilles présente l'image affligeante de l'hiver et de la mort. »

II

« Que c'est une belle invention que la poste ! disait Mme de
Sévigné. » — « Elle est le lien de toutes les affaires, de toutes
les négociations, ajoute Voltaire. Les absents, par elle, devien-
nent présents ; elle est la consolation de la vie. »

Montaigne a consacré aux postes un curieux chapitre, dans
lequel il rappelle, d'après Xénophon, que Cyrus est bien
l'inventeur des relais calculés sur la traite qu'un cheval peut
fournir sans s'arrêter. Montaigne parle même de la poste par
pigeons, d'un usage courant chez les Romains, comme chez
les Grecs, pour la correspondance privée (1). Qui ne se sou-
vient en effet, de la *Colombe* d'Anacréon ?

Qu'auraient dit ces grands épistoliers, ces grands écrivains,
s'ils avaient pu deviner les moyens de communications, pour
ainsi dire immédiates, que nous offrent la télégraphie électri-
que, la télégraphie sans fil et le téléphone ! Pour nous, heureux
bénéficiaires de ces merveilleuses inventions, nous aimerions
à parcourir les étapes successives qu'il a fallu franchir, avant
d'arriver à l'organisation actuelle, dont pour nous, à Alençon
l'inauguration du nouvel Hôtel des Postes a été le couronne-
ment.

Si nous voulions remonter jusqu'aux Romains, nous essaye-
rions avec M. l'abbé Godet, correspondant de la Société Nationale des Antiquaires de France, de reconnaître dans la villa
gallo-romaine de la Mutte, sur le territoire de Ceton, un poste
de relais, une *angaria* (d'où nous vient le mot hangar), une
mutatio, comme on en rencontrait d'étape en étape, sur les
voies publiques, et qui servaient, en même temps, de résidence
aux maîtres de poste qu'on appelait *mancipes curras publici*
et auxquels étaient adjoints les *junctores jumentarii*, chargés

(1) *Essais*, livre II, chap. XXII.

4

de l'attelage des chevaux et mulets, *veredi* et *paraveredi*, d'où les noms de « palefroi » et de « palfrenier » (1).

Mais la Mutte représente-t-elle une *mutatio*, comme l'a supposé M. l'abbé Godet ? Voilà la question. Quoi qu'il en soit, une inscription en l'honneur de l'empereur Caracalla nous fait connaître l'organisation de ce service à l'époque romaine. On y voit figurer, en effet, en première ligne, les fermiers du *cursus publicus* et les directeurs (*praefecti vehiculorum*), chargés du contrôle sur chacune des routes impériales, et choisis dans l'ordre des chevaliers romains. Les *junctores jumentarii*, au contraire, d'après M. Héron de Villefosse, auquel nous devons un savant commentaire de l'inscription, pouvaient être simplement des paysans, des propriétaires résidant le long des routes, qui fournissaient ce qui était nécessaire au service de la véhiculation, en vertu d'un traité fait avec le fermier (*manceps*).

« On comprend facilement, dit-il, qu'avec la centralisation administrative des Romains, les voies qui mettaient Rome en communication avec les provinces étaient devenues comme les grandes artères de l'Empire, et que la circulation des courriers et des voyageurs, fonctionnaires ou commerçants, y était extrêmement active. »

Mais tandis qu'à Rome la direction de chacune des grandes lignes qui, partant du centre de l'Empire, se prolongeaient jusqu'aux provinces les plus reculées, était entre les mains d'un préfet, spécialement chargé du service général, dans les provinces, les *praefecti vehiculorum* avaient la direction des relations postales dans un district déterminé, formé quelquefois de plusieurs provinces limitrophes. C'est ainsi qu'en Gaule, la Narbonnaise, l'Aquitaine et les Lyonnaises étaient sous la direction d'un seul préfet. La Belgique et les deux Germanies formaient le district d'un autre *praefectus vehiculorum*. C'est à Septime Sévère qu'est due cette organisation. Elle fut complétée par une décision mettant à la charge du

(1) Bulletin de la Société historique et archéologique de l'Orne t. iv 1883 p. 241-234.

trésor les frais du service de la poste, qui auparavant étaient supportés par les particuliers (1).

Sous les premiers rois de race germanique qui se fixèrent en Gaule, quelque chose subsistait encore de cette merveilleuse organisation. Les chariots qui parcouraient les routes avaient à acquitter des impositions, et des terres étaient même affectées à l'entretien de ceux des relais qu'avaient laissé subsister les désordres de la conquête. Mais sous les descendants de Clovis, ces terres furent ravagées, envahies ; les chevaux furent enlevés des maisons de poste, ces maisons elles-mêmes furent ou renversées ou employées à d'autres usages. On dut alors, de préférence, pour les voyages, recourir aux voies fluviales (2). Quelques vestiges de la poste subsistèrent cependant, car Grégoire de Tours parle des *portitores litterarum* (3), mot à mot porteurs de lettres.

Lorsque Charlemagne, s'inspirant de l'exemple des Romains, eut réuni à son empire l'Allemagne, l'Italie et une partie des Espagnes, il sentit la nécessité de rétablir les moyens de communication pour en relier toutes les parties. Le fisc fut chargé de nourrir les hommes employés à ce service, mais comme il n'y avait plus de chevaux dans les postes de relais, les propriétaires riverains furent obligés d'en fournir. Malheureusement tout porte à croire que cette organisation ne survécut pas à Charlemagne, et que les postes qu'il avait créées furent bientôt, après sa mort, négligées ou abandonnées.

L'initiative privée dut alors suppléer à l'absence de moyens de correspondance par la voie de la poste publique. Il n'est pas douteux, par exemple, que les grandes abbayes de France, généralement affiliées les unes aux autres, n'aient entretenu des courriers ou messagers, pour communiquer entre elles, par exemple pour l'envoi des Rouleaux des morts, dont Léopold Delisle a publié de si curieux spécimens.

Les Universités firent de même, et celle de Paris avait des correspondances suivies avec l'Allemagne, l'Italie et l'Espagne,

---

(1) *Bulletin de la Société Nationale des Antiquaires de France,* 1ᵉʳ *trimestre* 1804, p. 04-71.

(2) Maurice Prou, *La Gaule Mérovingienne.* Paris. L. H. May. p. 172.

(3) Ce terme de la basse latinité a été curieusement relevé par Étienne Pasquier, dans ses *Recherches de la France,* livre VIII, ch. IV.

dès le xiiie siècle. Les princes avaient imité cet exemple et l'on sait que le duc d'Alençon, Jean II, eut, du temps de Charles VII, des relations étroites avec Charles d'Orléans pendant que ce prince était captif en Angleterre, et plus tard pour son malheur, avec le roi d'Angleterre lui-même. Mais c'est à Louis XI, l'un des plus grands rois qu'ait eu la France, qu'est dû le rétablissement de Postes à l'instar de celles des Romains. Par son ordonnance du 19 juin 1464, il créa un Grand Maître des Coureurs et Chevaucheurs de France qui devait constamment se tenir auprès de sa personne. On croit que ce poste de confiance fut d'abord remis à Alain Goyon, grand écuyer, probablement descendant d'Estèphe Goyon, qui figure en 1380 parmi les garants de l'exécution du traité de Guérande (1), et chef de l'illustre maison des Goyon de Matignon, seigneurs de Lonray et de Gacé.

A la mort de Louis XI, le nombre des courriers et chevaucheurs du roi, était de deux cent trente-quatre. Le grand nombre de lettres qu'il faisait expédier chaque jour, et dont la collection forme un monument comparable à la correspondance de Napoléon Ier, explique, en grande partie, le développement rapide que prit le service des Postes aussitôt après sa création.

Il est à noter que le public fut assez longtemps sans soupçonner les avantages que le commerce, l'industrie, la science, en un mot la vie sociale, étaient appelés à tirer de l'institution des Postes. Le premier règlement connu, sur la taxe des lettres et paquets, date de 1627. Le produit en fut attribué aux maîtres des courriers, par édit du mois de décembre 1630. Or en ce moment même Renaudot, aidé de Richelieu, fondait la *Gazette*, dont le premier numéro parut le 30 mai 1631, et il est à remarquer que, dans ce numéro, on trouve des nouvelles d'Anvers à la date du 24 mai. Ceci nous donne la mesure de la rapidité avec laquelle fonctionnait la Poste. On voit aussi, par là, la corrélation intime et nécessaire qui existe entre le développement des deux grandes forces du monde moderne : la Presse périodique et la Poste.

Le premier Bureau des Messageries, dont le souvenir se soit conservé à Alençon, remonte à 1637. Le 30 décembre de

____

(1) Douët d'Arcq. *Collection de Sceaux*, n° 2302.

cette année, Michel Coudraye, reçu messager ordinaire pour la vicomté de Domfront et pour Alençon, se présenta au greffe du siège présidial de cette ville, muni de ses lettres de réception, en date du 17 du même mois, et déclara être venu exprès de Domfront pour les faire enregister, et déclarer qu'il avait installé son bureau d'Alençon, en la maison de Michel Gougeon, au carrefour du Puits des Forges, et son bureau de Domfront en l'hôtellerie de Beaufort. Il déclara, en outre, qu'aux termes de son acte de réception, il se trouverait tous les jeudis en son bureau d'Alençon, et tous les lundis en celui de Domfront (1). Ces jours, comme on sait, sont ceux où se tiennent les marchés dans ces deux villes, de temps immémorial (2).

La première mention du courrier, ou préposé aux Postes aux lettres d'Alençon, date du 21 janvier 1648, où fut rendue par le lieutenant général au bailliage, une ordonnance qui enjoignait à François Tirault, commis au greffe, de remettre à Mᶜ Michel Poitrineau (3), commis et préposé à la Poste établie à Alençon, pour Rouen et Paris, l'information faite par les gens du roi, échevins et procureur syndic de l'Hôtel de Ville d'Alençon, sur l'utilité de l'établissement formé par les Filles Notre-Dame, pour procurer les bienfaits de l'instruction aux jeunes filles et leur apprendre à travailler aux ouvrages de tapisserie, dentelles et autres. En exécution de cette ordonnance, Mᶜ Poitrineau, aux mains de qui la pièce avait été remise, donna certificat de son dépôt à la Poste, le lendemain 22 janvier, et le 25 le sieur Gascoin, distributeur des lettres de la Poste de Rouen, en donna à son tour récépissé. On voit par

(1) Archives de l'Orne, Série B. Présidial d'Alençon, enregistrement des offices.

(2) C'est de ce fait que la rue du Jeudi a tiré son nom (L'abbé Gautier, *Histoire d'Alençon*, p. 170.

(3) A la même famille appartenait François Poitrineau, chirurgien, époux de Jeanne Journée, dont une fille, Louise P. fut baptisée le 18 Novembre 1674, par un ministre protestant, et qui eut pour parrain, François Duval, grenetier du grenier à sel d'Alençon, et pour marraine, Louise du Refuge, femme de Jacques de Saint-Denis, écuyer, sieur de Vervaine. (Comte de Souancé. *Documents généalogiques d'après les regitres des paroisses d'Alençon*. Paris, H. Champion 1907, p. 402.)

Madame J. Despierres cite un François Poitrineau, sieur de la Brosse, chirurgien, qui aurait épousé, avant 1673, Catherine Vaillant, fabricante de point d'Alençon et se serait remarié, le 27 Juillet 1716, à Marguerite Faudore. (*Histoire du point d'Alençon*. Paris, H. Laurens, 1888, p. 258).

là que, dès cette époque, la Poste d'Alençon était organisée d'une façon régulière, et qu'elle fonctionnait aussi bien que l'imperfection des voies de communication le permettait.

Dix ans plus tard, le 11 avril 1658, une requête était présentée au lieutenant du Baillage d'Alençon, dans laquelle il était exposé que Monseigneur Henri d'Orléans, duc de Longueville, gouverneur et lieutenant général pour le roi en la province de Normandie, « ayant trouvé nécessaire, pour le bien et le service de sa Majesté, commodité publique et accélération des affaires de ses subjets, habitans des villes d'Alençon et Dompfront, qu'il y ait un messager ordinaire de la ville de Dompfront en cette ville d'Alençon, pour porter toutes lettres, paquets et autres choses, que soit donnée ladite messagerie à Pierre Le Royer, demeurant en la ville de Dompfront, et messager ordinaire du dit Dompfront en la ville de Rouen, et dicelle délivré lettres de provision nécessaire (1). Pourquoy il tendoit, par ladite requeste, à estre reçu et admis en la charge de messager ordinaire de ladite ville de Dompfront en cette ville d'Alençon, et de cette ville d'Alençon en ladite ville de Dompfront et autorisé prendre et recepvoir de luy le serment accoutumé. »

Au mois de mai 1670, nous voyons Jean Pellay, sieur de la Chapelle, conseiller du roi, propriétaire des Messageries Royales d'Alençon à Mortagne et de Paris aux dites villes, bailler à ferme, par acte passé devant les notaires au Châtelet de Paris, le 3 de ce mois, pour trois ans, commençant ledit jour, à Charles Mériel, marchand, demeurant à Alençon, la Messagerie Royale d'Alençon, Mortagne et Paris, à la charge par lui de voiturer et faire voiturer toutes lettres ou paquets, et partir tous les samedis de chaque semaine, et fait défense à toute personne de l'y troubler et ne faire aucune chose préjudiciable à ladite messagerie, à peine de trois cents livres d'amende et de tous dépens, dommages et intérêts.

Le 24 mai suivant, Charles Mériel s'étant présenté devant le lieutenant général au baillage, fut reçu comme messager du roi, en la forme suivante : « A la charge de tenir bon et fidèle

(1) Les lettres de provision accordées à Pierre Le Royer, par le duc de Longueville furent données à Rouen le 23 Mars 1638.

registre de tous les dits paquets, lequel sera de nous paraphé, pour le port et report desquels lui avons fait défense de prendre plus outre que ce qui a été par nous réglé par nos ordonnances de police. Et sera ledit Mériel obligé estre de retour en cette dite ville à pareil jour de samedi de chaque semaine, à peine de vingt livres d'amende, et défense faite à toutes personnes de le troubler dans les fonctions de la Messagerie Royale, ni de se charger d'aucune lettre ni paquet au jour dit de samedi, à peine de cent livres d'amende, etc. »

Le 29 octobre de la même année, Mᵉ Jean Martin, directeur du bureau des Postes du Mans, agissant comme procureur de Joseph de Magoulais, ayant le privilège des Messageries de cette ville en celles de Beaumont, Fresnay et Alençon, demeurant au Mans, paroisse de Saint-Nicolas, bailla à Jean Nepveu, marchand et à Simone Jalladin sa femme, tous deux demeurant au Mans, paroisse de la Couture « les revenus et droits des ports et reports de lettres, ballots et paquets des Messageries et de tout ce qui en dépend, pour par eux les percevoir et en jouir, ainsi qu'en ont ci-devant joui les nommés Champion et Edret, précédents fermiers, à la charge par lui de partir, deux fois la semaine, de cette ville du Mans, avec lesdits paquets, dans lesquels seront les dépêches du roi et du public, qui lui seront délivrées au bureau du roi, pour Le Mans, tant pour la Normandie que Bretagne, passant par lesdits lieux de Beaumont, Fresnay et Alençon, recevoir tous les samedi et dimanche, à 8 heures du matin, et arriver au dit lieu d'Alençon, les mêmes jours, sur les 5 à 6 heures du soir, et délivrer lesdites depesches au bureau de la Poste dudit Alençon, et repartir dudit lieu d'Alençon, tous les lundis et jeudis au soir, aussi chaque semaine, incontinent après que les courriers de Bretagne et Normandie y seront arrivés et qu'il aura pris les dépesches pour Le Mans et autres lieux au bureau de Poste du Mans, où il sera tenu d'arriver tous les vendredis et mardis, à 8 heures du matin et repartir dudit Mans aux jours et heures ci-dessus, pour emporter audit bureau d'Alençon les paquets qui lui seront délivrés audit bureau du Mans, tant pour la Normandie que Bretagne. Et ne pourra, ledit Nepveu partir dudit Alençon que les courriers de Rennes et de Rouen soient arrivés.

« A la charge, par lesdits Nepveu et sa femme, entre les
autres charges et promesses, d'acquitter la somme de cinquante
livres, payable chaque an, de quartier en quartier, et par avance
en la ville de Paris, ès mains dudit sieur de Magoulais, franc
de port, sçavoir douze livres 10 sols par chacun d'iceux dont
le premier quartier qui écherra le 1er janvier prochain, a été
présentement payé par avance. »

Nous devons dire qu'à peine le fonctionnement régulier
de cet important service était-il assuré, que des plaintes
s'élevèrent contre le maître de la Poste d'Alençon, au sujet de
la taxe des simples lettres, particulièrement pour celles venant
de la ville de Rouen. En 1672 une action judiciaire fut intentée
à ce sujet contre Jacques Lorinet, maître de la Poste, au nom
des avocats, procureurs et habitants. Le 14 novembre, le
procureur-syndic des habitants, exposa aux maire, échevins
et conseillers que depuis quelque temps, la taxe exigée pour
les simples lettres montait à 8 sols, somme considérée comme
exorbitante. Le lieutenant général au bailliage, Jacques de
Boullemer, sieur de Larré, procureur du roi près du corps
municipal, appuya cette proposition et le procureur syndic
fut autorisé à faire toutes diligences pour obliger Lorinet à
représenter les règlements en vertu desquels il s'attribuait
des droits plus élevés que par le passé. Nous ignorons, si dans
ce procès, la ville d'Alençon eut gain de cause (1). Cet incident
nous apprend du moins, que dans ce temps là encore, les taxes
pour port de lettres étaient au profit direct du maître de la
Poste, ce qui montre que l'organisation du service était encore
très primitive et très imparfaite.

La Poste aux lettres, en effet était toujours en régie. Un
sieur Patin en était chargé en 1681, et il fit rendre, le 18 juin
1681 un arrêt du Conseil d'Etat « portant très expresses
inhibitions et défenses à tous messagers et à tous maîtres
de coches, carrosses et litières, poulailliers, beurriers, mule-
tiers, piétons, mariniers, bateliers, rouliers, voituriers, tant
par terre que par eau et à toutes personnes autre que ceux
qui auront droit et pouvoir dudit Patin et de ses intéressés,

____

(1) Archives municipales d'Alençon. Premier registre des Délibérations.

de se charger du souffrir que leurs valets ou postillons et mêmes les personnes qu'ils conduisent par leur voitures se chargent d'aucune lettres, mais seulement de lettres de voiture des marchandises qu'ils voitureront et qui seront ouvertes et non cachetées (1) ».

A cette époque l'office de messager de Paris à Alençon, dans le ressort du bailliage et dans toute l'étendue du diocèse de Sées, était occupé par Nicolas Tremblay, dit Chalenge. A sa mort, en 1681, son Altesse Royale Madame Isabelle d'Orléans, duchesse d'Alençon, de Foix et d'Angoulême, nomma et présenta au roi, par lettres données à Paris le 30 décembre de cette année, revêtues de son seing, scellées d'un sceau en cire jaune, et contresignées par M. de Charmoy son secrétaire, le sieur Mathurin Gautier, pour remplir cet office. Des lettres de provision durent encore lui être accordées par le roi, le 4 janvier suivant, et elles furent enregistrées au bailliage d'Alençon, dans la même forme que les précédentes (2).

Le nom du commis à la distribution des lettres et paquets de la Poste d'Alençon en 1685, Henri Hamel, nous est fourni par les pièces de la procédure criminelle qui fut alors commencée au bailliage, entre lui d'une part, Michel Guillaume, curé de Saint-Laurent de Beaumesnil, près Sées, M. de la Goupillière, prêtre, et Jean Demées d'autre part (3).

Outre les Messageries chargées spécialement du transport des lettres, on avait établi depuis longtemps des coches et des carrosses publics, dans les principales villes de France, tant pour les personnes que pour le port des paquets. Des réglements pour la police de ce service et pour les taxes et droits que les fermiers, facteurs et commis étaient autorisés à réclamer, furent publiés par les divers parlements, depuis 1623.

(1) *Lois administratives françaises,* par Vuatrin et A. Bathie. Paris, Cotillon et Ce 1870, p. 841, col. 1. — On sait que ce règlement a été confirmé par la loi du 24 décembre 1790, qui ordonne que les contrevenants seront condamnés à 300 d'amende par chaque contravention.

(2) Archives de l'Orne, Série B. Réceptions d'offices.

(3) Archives de l'Orne, Série B. Minutes du Bailliage d'Alençon, année 1685.

Il paraît, qu'à Alençon, nous n'étions pas encore très favorisés sous ce rapport vers 1690, car à cette époque une plainte fut adressée au lieutenant général au bailliage, M. de Boullemer de Thiville, contre Jean Osmont, qui avait pris à ferme le carrosse établi en cette ville. Voici ce qu'on lit dans la sentence qui fut rendue contre Jean Osmont, le 13 novembre 1690 :

« Encore qu'il y ait un carrosse établi en cette ville pour l'utilité publique, pour conduire les personnes et marchandises partant de cette ville en celle de Paris et les ramener, néanmoins le nommé Osmont, qui a pris à ferme les droits dudit carrosse ne tient compte d'avoir carrosse et chevaux en cette ville et d'en faire partir toutes les semaines, au jour de mardi, comme il y est obligé, se contentant seulement d'avoir un carrosse pour les villes de Rennes, Mayenne et autres, ce qui ne peut pas suffire pour le service du roi et du public, particulièrement pour les habitants de cette ville et lieux circonvoisins qui en souffrent beaucoup (1) ».

C'est à la suite de cette sentence probablement, que Mathurin Paultier et Elisabeth Velly son épouse furent agréés comme fermiers des coches et carrosses de Rennes et Paris, aller et retour.

Détail de l'Organisation du Service

Taxe de Lettres. — Relais

Après avoir exposé aussi exactement qu'il nous a été possible, ce que nous savons, à l'heure qu'il est, sur le premier établissement de la Poste à Alençon, nous allons entrer dans le détail de l'organisation du service dans la région.

Les contrôleurs, peseurs et taxeurs des ports de lettres avaient été créés par un édit du mois de décembre 1643. L'année suivante, un nouveau règlement fut arrêté pour la taxe des lettres et paquets, et il est intéressant d'en reproduire au moins deux articles ·

« De Paris à Rouen, Basse-Normandie et Bretagne, 3 sols, des lettres simples, 4 sols par paquets.

(1) Ibd. année 1690.

« De Lyon à Rome et autres villes d'Italie, 8 sols, de chaque lettre simple, 12 sols des doubles et 16 sols l'once. »

Il est à noter toutefois que ce règlement ne fut appliqué
que onze ans plus tard, par suite du refus fait par le Parlement de l'enregistrer, car sous le régime de la Monarchie
absolue, on le sait, le Roi et son Conseil avaient à compter
avec le Parlement. La publication de cet édit eut lieu seulement le 20 mars 1655. Mais, dans l'intervalle, les courriers
de la Fronde et de la Cour n'en avaient pas moins pris leur
vol à travers la province, secondés par la verve satirique de
notre vieil historiographe Mézeray.

Le nouveau tarif, qui fut publié le 1er janvier 1704, est plus
détaillé et plus intéressant pour nous :

« De Paris à Chambrais, Haute et Basse Normandie, le
Mellerault, le Sap, Noyers-Mesnars, 4 sols, par lettre simple ;
5 sols, pour la lettre avec enveloppe, 7 sols, pour la lettre
double, et 16 sols pour l'once des paquets. »
« De Paris à Alençon, Haute et Basse Bretagne, Argentan,
Belesme, Dompfront, Falaise, Sées et Verneuil. » (Même tarif).

On voit par là que dès cette époque, les courriers de Paris
à Rennes passaient par Alençon, et qu'Alençon, était, comme
aujourd'hui, considéré comme se rattachant à la ligne de
Bretagne. »

La Liste générale des Postes de France, « dressée par ordre
de Monseigneur Jean-Baptiste Colbert, chevalier, marquis de
Torcy, Croissy, Sablé, Bois-Dauphin, etc., ministre d'Etat,
du Conseil de Régence, Commandeur et Chancelier des
Ordres du Roy, Grand Maître et Surintendant Général des
Courriers, Postes et Relais de France. Pour le service du Roy
et pour la commodité du public. » A Paris, chez le Sr Jaillot,
géographe ordinaire de Sa Majesté, joignant les Grands
Augustins, aux deux Globes, avec privilège du Roy, pour
vingt ans, 1718. (Ouvrage entièrement gravé), nous fait connaître les principales routes et les différents relais de Postes,
où se trouvaient les courriers. Voici la reproduction littérale de
l'extrait qui concerne la généralité d'Alençon et la portion
de celle de Caen rattachée à l'Orne :

Routes de Rennes à Alençon............ 14 Postes ½

De Chambrays à Montreuil................ Poste
De Montreuil au Noir-Ménard (sic, pour *Noyer Ménard*)............................. Posté
De Noir-Ménard à Mellerault.............. Poste
De Mellerault à Séez.................... Poste ½
De Séez à Alençon..................... 2 Postes ½

Postes de communication .... 7 Postes ½

De Séez à Argentan.................... 2 Postes ½
D'Argentan à Falaise................... 2 Postes ¼
De Falaise à Condé-sur-Noireau............ 2 Postes ½
Route de Rouen à Laigle................. 10 Postes ½
De Rouen à Bourgtheroude............... 3 Postes
De Bourgtheroude à Neubourg............. 2 Postes
De Neubourg à Beaumont-le-Roger.......... Poste ½
De Beaumont à La Ferrière............... Poste
De Ferrière à Lire .... Poste
De Lire à Rugles..................... Poste
De Rugles à Laigle.................... Poste

Route de Paris à Rennes passant par Alençon

De Verneuil à Saint-Maurice.............. Poste ½
De Saint-Maurice à Tourouvre............. Poste
De Tourouvre à Mortagne................ Poste
De Mortagne à Mesle-sur-Sarthe........... Poste ½
De Mesle au Mesnil-Brou................ Poste
D'Alençon à Prez-en-Pail............... 2 Postes ½
De Prez-en-Pail à Ribay................ 2 Postes
De Ribay à Mayenne................... 2 Postes
De Mayenne à Montigny................ 2 Postes
De Montigny à Laval................... 2 Postes
De Laval à Vitré..................... 4 Postes
De Vitré à Rennes .... 4 Postes

Traversée du Mans à Alençon .... 5 Postes

Du Mans à Beaumont-le-Vicomte.......... 2 Postes ½
De Beaumont à Alençon................ 2 Postes ½

Route de Caen à Pontorson . . . . 12 Postes

De Caen à Blanchemaison . . . . 3 Postes
De Blanchemaison à Pontfarcy . . . . 3 Postes
De Pontfarey à Villedieu . . . . 2 Postes
De Ville-Dieu à Avranches . . . . 2 Postes
D'Avranches à Pontorson . . . . 2 Postes

Autre route de Caen à Pontorson . . . . 14 Postes ½

De Caen à Bretteville . . . . 2 Postes
De Bretteville à Mesle Saint-Clair . . . . 2 Postes
Du Mesle Saint-Clair à Condé-sur-Noireau . . . . Poste ½
De Condé à Tinchebray . . . . Poste ½
De Tinchebray à Mortain . . . . 2 Postes
De Mortain à Saint-Hilaire-du-Harcouet . . . . Poste ½
De Saint-Hilaire à Saint-Brice Landelle . . . . . . Poste
De Saint-Brice à Saint-James . . . . Poste ½
De Saint-James à Pontorson . . . . Poste ½

Le Nouveau Guide des Chemins de la France, contenant toutes ses routes, tant générales que particulières. Paris, chez Vincent, rue Saint-Séverin, MDCCLXVI, nous apprend, (p. 8 et 9), que l'on comptait alors, de Paris à Alençon, 37 lieues ½, par Nonancourt, Verneuil, Saint-Maurice, Tourouvre, Mortagne, le Mesle, Ménil-Broult et Alençon, et 36 lieues ½, par Brézolles, Saint-Maurice, etc :

«De Paris à Rennes, 73 lieues, par Verneuil, Saint-Maurice, Tourouvre, Mortagne, Le Mesle-sur-Sarthe, Mesnil-Broult, Alençon, Pont-Percé, Saint-Denis, Pré-en-Pail.

« D'Alençon à Rouen, 29 lieues, par le Pont des Planches du Perron (ancienne voie romaine), Sées, Le Meillerault (sic), Cisay, Heugon, Augerons. »

Notons ici que, quelques années plus tard, une nouvelle route fut ouverte d'Alençon à Rouen par Sées, Nonant et Pacé, malgré l'opposition du Merlerault (Archives de l'Orne, C. 139).

Mais reprenons notre *Nouveau Guide :*

« D'Alençon à Falaise, 14 lieues, par la Trigalle (sur le territoire de La Ferrière-Béchet). »

Ce nom de *Trigalle*, rappelle l'existence d'une auberge remontant au Moyen-Age, comme le village de la Trigalle, à Lignières-la-Doucelle.

« Mont-Merré, Argentan, Occaignes, Maisons-Rouges (sur le territoire de Pierrefite, aujourd'hui commune de Rônai).

« D'Alençon à Bellême, 10 lieues, en passant par Mesnil-Brout, Le Mesle-sur-Sarthe, Saint-Quentin.

« D'Alençon à Argentan, 12 lieues, par Sées et Mortrée.

« D'Argentan à Rouen, 24 lieues, par Trun et Vimoutiers.

« D'Argentan à Saint-Hilaire de Briouze, 8 lieues, par Ecouché, Sevrai, Tressaint (sic), Les Authieux, Les Yveteaux.

« D'Argentan au Meillerault (sic), 5 lieues, par Le Bourg Saint-Léonard, Le Haras du Roi et Nonant.

« Du Meillerault à Laigle, 7 lieues, par Planches, Sainte-Colombe, Beaufai ou Aube, Ray.

« De Falaise à Lignières-la-Doucelle, 10 lieues, par Saint-Clair, Rouffigny (commune de Neuvi-en-Houlme), Fresnay-le-Buffard, (id.), Montgarru (sic), Ecouché, Troussel (ancien moulin, commune de Vieux-Pont), La Chabossière (commune de Saint-Martin-l'Aiguillon), Carrouges et Lignières.

« De Falaise à Avranches, 25 lieues, par Montigny, Le Pont d'Ouilly, Condé-sur-Noireau, Tinchebray.

« De Falaise à Charncille (sic), 5 lieues, par Fourneaux, Mesnil-Hermé, La Forêt-Auvray, Les Tourailles.

« De Falaise à Briouze, 5 lieues, par Basoche, Rabodanges ou Culey, Sainte-Croix, le Sac, Saint-Denis.

« De Falaise à Vimoutiers, 8 lieues, par Crocy, La Chapelle-Chuquet, et La Cambe.

« De Falaise à Lassay, 13 lieues, par Basoche, le Pont-Ecrépin, Le Frênaye, Fromentel, Le Gué de Rouvre (à Saint-Hilaire de Briouze), La Ferté-Macé et Couterne.

« De Sées à Mortagne, 7 lieues, par Mesnil-Guyon, Montchevreuil (sic), Laleu, Long-Pont.

« De Sées à Verneuil, 12 lieues, par Gasprée, La Comtesse (1) et Apres.

(1) Le nom de ce relai ne figure pas dans le *Dictionnaire des Postes de l'Empire*, 1859. Cependant la même mention se retrouve dans le Guide des Chemins de la France, 1768, p. 175. On comptait alors de Sées à Gâprée, 2 lieues; de Gâprée à la Comtesse, 3 lieues et demie; de la Comtesse à Apres, 2 lieues.

«De Sées à Dreux, par Gasprée, Apres et Chesnebrun.

«De Sées à Exmes, 4 lieues ½, par Chailloué et Saint-Germain-de-Claire-Feuille.

«De Mortagne à Dreux, 13 lieues, par Le Pont du Guet, Saint-Maurice et Brezolles.

«Autre route, 13 lieues, par Saint-Maurice, Verneuil, Tillière, Nonancourt.

«De Sées à Carrouges, 5 lieues.

«De Mortagne à Mamers, 6 lieues, par Saint-Jouin de Blavou.

«De Mortagne à Longny ou Loigny, 4 lieues, par Saint-Mars-de-René (1).

«Autre route par Le Gué de Pont-Fertille (2).

«De Mortagne à La Ferté-Bernard, 5 lieues, par Le Pin-la-Garenne, Bellesme, La Chapelle-Sove, Saint-Germain-de-la-Coudre.

«D'Ecouché à Rannes, 3 lieues, par Saint-Brice.

«De Domfront à Vaucey, 3 lieues; à Epinay (id.) à La Ferrière, 2 lieues, à Bellou, 1 quart.

«De Caen à Avranches, 27 lieues, par Bretteville, Le Mesle-Saint-Clair (sic), Condé-sur-Noireau, Tinchebray, Mortain.

«De Caen à Laigle, 24 lieues ½, par Orbec, Montreuil, La Ferté-Fresnay (sic). »

Au moyen de ces tableaux, malgré l'incorrection de l'orthographe des noms, on reconnaît que, dès cette époque, le réseau des voies de communication était assez développé, pour permettre aux courriers de pénétrer dans toutes les parties de la généralité d'Alençon. La seule ville qui n'y figure pas est celle de Flers, non pas parce qu'elle était alors dans le département de l'intendant de Caen, mais à cause de son peu d'importance à cette époque.

Il paraît que *Le Nouveau Guide des Chemins de France* eût rapidement un grand débit, car dès 1768, on trouvait chez le même imprimeur, un *Guide des Chemins de la France*, 3e édition, revue, corrigée, presqu'entièrement refondue, considérablement augmentée, et principalement d'une notice très ample des villes principales et des choses les plus remar-

(1) Cette ortographe défectueuse est reproduite dans l'édition de 1768.
(2) Lieu inconnu.

quables qu'on y trouve. Cette notice, ornée de ce sous-titre :
« Curiosités de la France », est pour nous, la partie vraiment
intéressante de cette troisième édition du *Nouveau Guide*.
Nos villes de l'Orne n'y sont pas trop mal traitées :

« Alençon, dans la Basse-Normandie, au diocèse de Séez, etc.
au 37e degré, 5 m. long. ; 48 d. 25 m. lat. Sur la Sarthe, fortifiée,
maisons religieuses, fabriques et commerce de toiles et dentelles, carrières où l'on trouve des diamants ou cailloux.
Portail de son église. Bureau de Poste.

« Argentan, son commerce, ses fabriques de dentelles ;
fertilité de ses environs, bien bâtie. Bureau de Poste.

« Belesme, Bailliage, Vicomté, Maîtrise, etc., sa forêt qui a
4 lieues de circuit. Inscriptions qui prouvent son antiquité
(à la Herse). Bureau de Poste.

« Carrouges. Son magnifique château, dont la chapelle est
desservie par 6 chanoines. Bureau de Poste à Argentan.

« Domfront. Diocèse du Mans, sur une montagne, arrosée par
la *Mayenne* (1). Bailliage, Élection. Commerce de bestiaux.
Bureau de Poste.

« Laigle. Diocèse d'Evreux, à 3 lieues de l'Abbaye de la Trappe,
3 paroisses, beau château seigneurial, commerce en grains,
quincaillerie, manufactures d'épingles, 4 foires, un grand
marché. Bureau de Poste.

« Mortagne. Son église. Bureau de Poste.

« Séez. Evêché. Sa situation, sa fertilité. Près de la forêt
d'Ecouves. Bureau de Poste à Argentan.

« Vimoutiers. Diocèse de Lisieux. Sur le Vie (sic). Prieuré
d'abbaye de filles. Marchés. Bureau de Poste. »

D'Alençon, les départs des courriers de la Poste aux lettres
avaient lieu le lundi, le mercredi et le samedi à midi, et le
mardi et le vendredi à 2 heures ; arrivée à Paris le mardi, le
jeudi, le vendredi et le dimanche. En 1771, le nombre des relais
de poste dépassait 3.000 ; celui des chevaux employés allait
à 30.000 ; celui des hommes à 12.000.

---

(1) *Le Guide des Chemins* ne peut être responsable de cette bévue. Elle
avait eu pour auteur Bruzen de la Martinière, géographe de sa Majesté
catholique Philippe V, roi des Espagnes et des Indes. (V. son *Grand Diction
naire géographique*. Paris, 1740, art. Domfront).

Le Bureau des carosses, diligences et messageries royales pour Dreux, Verneuil, Mortagne, Alençon, Séez, Falaise, Argentan, Rennes, Nantes, Saint-Malo et la Basse-Bretagne était, en 1785, rue Pavé-Saint-André, vis-à-vis de la rue de Savoye, à l'ancien hôtel Saint-François (1).

Chaque année les Postes distribuaient 30 millions de lettres. Les directeurs et facteurs étaient payés, en partie, par le sou par lettre, et en partie par le produit du droit de prendre les lettres au bureau, qui produisait 300.000 livres environ.

En 1781, d'après le *Compte-rendu au Roi*, par Necker, le produit des Postes et de la Petite Poste était évalué à 9.620.000 livres; celui des Messageries à 1.500.000 livres. Avec 2.108.000 livres de charges, ce qui réduisait à 9.012.000 la somme portée au trésor royal.

La marquise de Sévigné n'est-elle pas passée par Alençon pour se rendre à Vitré, et de là à son château des Rochers ? Tout semble l'indiquer, puisque le chemin direct de Paris à Rennes passe par Alençon, Mayenne, Laval, Vitré et Rennes? Quel dommage qu'elle n'y ait pas laissé des souvenirs de son passage, ou que quelqu'une de ses lettres ne s'y soit égarée par une distraction possible d'un des employés de la Poste!(A)

Ce qui est en tous cas à noter, c'est que tandis que la spirituelle marquise se réjouissait de pouvoir, grâce à la Poste, causer presqu'aussi facilement avec Mme de Grignan, de son hôtel Carnavalet, que si elle eut été à ses côtés en Provence, les Visitandines, filles de son illustre parente la Mère de Chantal, se plaignaient fortement de l'irrégularité des courriers, qui les privait de la douceur d'une correspondance suivie avec les chères sœurs de leur ordre réparties en différents couvents. C'est ce que nous révèle une curieuse lettre de Mme Eugènie de Bretteville, supérieure des Visitandines de Caen, à la supérieure des Visitandines d'Alençon (2) (23 décembre 1693). — « Le détour des Postes qui nous rendent vos

(1) *Les Rues et environs de Paris* (par Jaillot), Paris, Langlois, père et fils, libraire près du Petit-Pont du Saint-Esprit couronné M DCCLXXXV.

(2) Françoise-Thérèse d'Erard, fille aînée de M. François d'Erard de Ray, cinquième supérieure de la Visitation d'Alençon. Elle avait été nommée mère supérieure en 1691 et elle occupa cette charge jusqu'en 1694. *(Inventaire sommaire des Archives de l'Orne)*, Clergé régulier t. IV, Introduction p. XV.

lettres est souvent si irrégulier, qu'elles sont des quinze jours
ou trois semaines en chemin, premier que de venir jusqu'à nous,
et sont souvent même perdues, n'ayant point du tout reçu,
ma chère Mère, celles que votre charité nous marque que nous
recevons celle qui est en date du 23 de l'autre mois. » (H. 4975).

Un *Recueil de poésies diverses*, publié à Amsterdam en 1715,
contient les « Plaintes sur la lenteur et la négligence du Messager du Mans », adressées à M. Bosc du Bois, conseiller d'Etat.
Il en fut fait une deuxième édition en 1720, par Jacques
Estienne, libraire, rue Saint-Jacques. Le frontispice est décoré
d'une gravure de Bernard Picard. Dans le lointain, on aperçoit
le messager du Mans, s'avançant lentement vers Paris.

Voici un simple échantillon des plaintes de l'auteur :

La lumière du jour
A vingt fois, pour le moins, fait place à la chandelle
Sans que, durant un si long tems,
On ait vu dans ces lieux la noble haridelle
Du Messager du Mans !... (B)

Il n'est peut-être pas hors de propos de dire un mot du
fameux Cabinet noir, et des intrigues qu'abritaient les bureaux
du surintendant des Postes. Le marquis d'Argenson écrit dans
ses *Mémoires*, 13 avril 1749 :

« Jeannel est un des commis de la Poste, préposé au cabinet
de l'interception des lettres, vend le secret de la Poste au
cardinal de Tencin et à M. de Maurepas. M. de Puisieux et
M. de Saint-Séverin se sont liés avec ce Jeannel, il leur a donné
Tercier pour troisième commis des Affaires étrangères. Bussy,
acheminé par le même canal, vend la France à l'Angleterre.
Lui et Tercier partagent aujourd'hui le bureau de Ledran... »

21 juillet... « On parle d'un traître qu'il y a dans le bureau
de la Poste. Il se nomme Jeannel. C'est lui qui a trahi MM. Pajot,
pour leur faire ôter cette ferme des Postes. Il vend le secret
du cabinet à diverses personnes qui ne devroient pas l'avoir,
comme à M. de Maurepas, au cardinal de Tencin. Il fait dire ce
qu'il veut aux lettres décachetées. Il sert ou dessert les Ministres et autres gens de la Cour. Rien de si dangereux que ce
ministère secret, quand il n'est pas servi par d'honnêtes gens ;

cependant je n'y vois que des roués, et notre maître ne s'en défie pas assez. »

4 Février 1732. — « Le Ministre a été, pour la première fois, il y a quelques jours, au cabinet de la Poste aux lettres. C'est dans ce cabinet qu'on décachète les secrets des pâles humains, ouvrant les lettres, déchiffrant et montrant au Roi ce que les particuliers s'écrivent avec confiance par la Poste. Le sieur Jeannel est le chef de cette caverne. Ce Jeannel a trahi ses maîtres, les Pajot et les Rouillé, ainsi que M. le Garde des Sceaux Chauvelin... J'ai appris que la correspondance des Ministres étrangers devient de plus en plus difficile à pénétrer par le cabinet. Les Anglais chiffrent avec une si grande recherche qu'on ne peut avoir leur chiffre. Le roi de Sardaigne met aux lettres de ses Ministres un sceau qu'il applique lui-même ; il le met avec une presse, de sorte qu'on ne peut décacheter ni refermer les paquets sans que cela paraisse. On ne le tente plus. »

29 Janvier 1755. — « Le bruit est grand dans Paris que mon frère (1) remet la surintendance des Postes et qu'elle va être donnée à Marigny, frère de la marquise de Pompadour : fausse nouvelle, certainement, car le secret des Postes mérite un autre homme... Le secret des Postes... cet œil de Jupiter, cette trappe par où ce dieu voit ce qui se passe dans le cœur des hommes. »

Janvier 1756. — « On renouvelle le bail des Postes et on dit que les ports des lettres seront augmentés de prix, parce que l'on charge les fermiers d'abattre et de rebâtir ailleurs l'hôtel des Postes. »

Ces anecdotes sont amusantes, mais ne nous renseignent nullement sur le fonctionnement d'un simple bureau de poste tel que celui d'Alençon. « L'œil de Jupiter » n'était évidemment pas cause des irrégularités dans la transmission de la correspondance dont on se plaignait. Cependant dès 1738, les bureaux du Contrôleur général s'étaient occupés des causes de retard du courrier de Rennes, dont on accusait l'Intendant d'Alençon, M. de Lévignen, parce que, disait-on,

1) Le comte d'Argenson, Marc Pierre, frère du marquis.

il faisait attendre le courrier à son passage en cette ville, pour se donner le temps d'expédier ses propres dépêches pour Versailles. M. de Lévignen fournit d'ailleurs des explications satisfaisantes et promit de veiller à ce que le départ du courrier venant de Rennes, partît autant que possible, à heure fixe. Mais l'année suivante, Alençon se plaignit à son tour de la précipitation du départ du courrier qui l'empêchait même de prendre les lettres et paquets déposés à la Poste. Les mêmes plaintes se renouvelèrent alternativement pendant une douzaine d'années. Enfin il fut arrêté en 1753, que le courrier devait faire sa course en vingt heures, de Rennes à Alençon, et d'Alençon à Paris en 21 heures.

L'état de la voirie, les ruptures assez fréquentes de ponts, de ceux notamment de la Mayenne, l'étroitesse des portes de Sées et de la Barre à Alençon, étaient autant d'obstacles à la régularité absolue des heures d'arrivées des courriers. En 1771, quoique de très grandes améliorations dans les ponts et chaussées eussent été exécutées par le célèbre Perronnet et par ses successeurs, pendant l'administration de Lallement de Lévignen, le contrôleur d'Alençon réclamait l'élargissement de ces deux portes, celle de Sées n'ayant que la largeur de sept grands pas, et la porte de la Barre étant si étroite que, par trois fois, le courrier et la malle n'avaient pu la franchir.

En 1747, le courrier qui portait les lettres de Dreux à Alençon s'arrêta net à Tillière, mais pour une autre cause. Il était ivre-mort, ce qui lui arrivait d'ailleurs assez souvent, et il avait même perdu les lettres. On se contenta de lui infliger comme punition une mise à pied pour un mois.

En 1762, un nommé Tranchant, courrier de la malle d'Alençon à Paris, fut également suspendu pour fait d'ivrognerie.

En 1759, Hiérôme Féron, directeur de la poste de Mortrée, avait aussi à se plaindre du courrier. D'autre part, les exigences et même l'insolence du public, étaient parfois intolérables. C'est ainsi qu'en 1744, M. Rouvière, directeur de la poste aux lettres de Sées, fut insulté et maltraité par M. de Lonlay de la Bretonnière, garde du roi de la compagnie d'Harcourt. La même année, il fut l'objet de dénonciations dont l'injustice fut reconnue, de la part d'un nommé Hecquart, diacre, au collège de Sées. En 1755, M. Chandavoine, directeur à Alençon, fut menacé de coups de bâton par Régnier, grand prévôt de la maréchaussée, qui prétendait exiger de lui qu'il lui fit apport de ses lettres à l'arrivée même du courrier.

En 1759, François Le Rebours, maître en chirurgie, directeur de la poste au Sap, fut attaqué, dans son bureau, par MM. de Gémare et d'Orville, fils de M. du Sap-Mesle, qui y entrèrent armés de pistolets. En 1775, son successeur, M. Boucherot, avocat, dut porter plainte contre M. Le Roy du Bourg, qui avait fait des menaces à sa femme, au sujet du service du bureau.

En 1761, la femme de Peschcux, directeur de la poste à Domfront, fut insultée dans les mêmes circonstances, par un lieutenant au régiment de Vatan, nommé Lambert.

Les directeurs de Mortagne n'étaient pas plus respectés. En 1760, M. Dandeville avait été l'objet de dénonciations calomnieuses de la part de M. Delestang, procureur du Roi au grenier à sel de cette ville. En 1773, son successeur, M. Prévost, fut obligé de provoquer une enquête contre des individus qui, dans la nuit du 4 au 5 novembre, avaient trouvé plaisant de vider dans la boîte aux lettres un vase rempli d'ordures ce qui avait rendu les adresses illisibles. L'année suivante, il eut à fournir à l'intendant des explications sur un fait assez grave, imputé à tort à la factrice chargée de la distribution des lettres, par l'abbé de Beaufort, notaire apostolique, qui prenait pension chez un nommé Saillot, marchand de tabac. Une lettre à son adresse, écrite par le cardinal de Bernis, ambassadeur de France près le Saint Siège (1), scellée de ses armes, datée de Rome le 6 novembre 1776, et arrivée à Mortagne le dimanche 24 du même mois, avait été remise à son domicile en l'absence de l'abbé. Or il fut établi que Saillot avait eu l'indélicatesse d'ouvrir la lettre, et de substituer simplement une

(1) Lorsque R. Dufriche Desgenettes fit son voyage en Italie, quelques années avant la Révolution, il eut l'honneur d'être reçu par le Cardinal de Bernis qui s'entretint quelque temps avec lui et lui apprit que du temps du prédécesseur de Mgr d'Argentré, évêque de Sées, il avait fait un voyage agréable à Sées, à Fleuré, en sa compagnie (*Souvenirs de la fin du* xviii° *siècle et du commencement du* xixe ou *Mémoires de R. D. G. Paris* 1834-1836. 2 vol. in-8°)

Le Musée d'Alençon possède un bon portrait du Cardinal, peint à l'huile et contemporain.

nouvelle enveloppe à celle qu'il avait enlevée. Il fut heureusement établi que, ni le directeur, ni la factrice ne pouvaient être responsables de ce délit, et par conséquent que l'intendant n'avait à s'en occuper que comme d'un fait intéressant la police administrative dont il avait la charge.

Malgré les plaintes acrimonieuses et réitérées de Voltaire contre les infidélités de la Poste de son temps, et contre la violation du secret des lettres, je n'ai rencontré qu'un cas dans lequel la culpabilité du directeur apparaît de la façon la plus scandaleuse.

A la tête du bureau de Domfront se trouvait en 1741 un procureur aux juridictions royales nommé Jean Chorin. Or, il fut avéré que ce procureur ayant un intérêt personnel, pour le succès des affaires dont il était chargé, à connaître le secret des correspondances qui lui passaient par les mains, n'avait pas craint d'abuser de ses fonctions de directeur pour ouvrir certaines lettres.

Le fait ayant été dénoncé à l'intendant par le subdélégué de Domfront, Thibault de Champassais, le coupable fut condamné à une forte amende, et destitué des fonctions de directeur. Il eut pour successeur un homme honorable, M. Thébert (1), beau-frère de M. du Haussay, receveur des tailles à Domfront. En 1757, la survivance de la direction de ce bureau fut attribuée à la veuve de M. Thébert, suivant un usage constamment suivi : les exemples en sont nombreux (2), voir p. 25. On y voit même, en 1760, la dame Guérin, directrice à Bellême, donner sa démission en faveur de M. Garin qui était encore en fonctions en 1789.

Comme tous les fonctionnaires sous l'ancien régime, les

(1) En 1681, J. B. Thébert était docteur en médecine et propriétaire de la masure de l'Infultière à Lonlai-l'Abbaye (II 487-488). — Le 6 Février 1730, l'hôpital de Domfront reçut un legs fait par Henri Thébert, docteur en théologie, par testament du 13 Juillet 1725. Le 15 Mars de la même année, M. Libert, docteur en médecine, fut nommé médecin de l'hôpital, à la place de Thébert de l'Infultière, décédé au mois de Décembre 1729 (II 487-488).

(2) En 1744, Donnay, ci-devant directeur à Saint-Maurice-les-Charencey, transportait sur son successeur Desprez, un reliquat dont il était resté redevable envers le fermier général des Postes. — En 1773, la veuve Audollent succéda à son mari comme directrice à Longuy.

En 1774, la veuve Pilleau était directrice à Champrond.

directeurs et les employés des Postes étaient considérés comme ayant droit à certains privilèges, en raison de l'insuffisance de leur traitement . Les facteurs étaient exempts des corvées pour la réparation des chemins, aussi le sieur Lebled, facteur au bureau de Noyer-Ménard, se plaignait-il avec raison, en 1737, de ne pas jouir de cette exemption et il faisait valoir qu'il y avait d'autant plus de droits qu'il était obligé d'aller trois fois la semaine à Gacé, pour porter des lettres et en rapporter. La même année Leroux, directeur à Bellême, se plaignait d'être également imposé à la taille, de même que Rochebrune, directeur au Merlerault.

Les traitements étaient d'ailleurs très maigres, dans certains bureaux. En 1765, Desvaux, directeur au Mesle-sur-Sarthe, expose que ses appointements ne montent qu'à 70 livres ; il est obligé de faire un commerce qui le mette en état de subvenir à ce que son emploi ne lui procure pas. Il eut pour successeur Antoine Ch. Luc Morel en 1776.

Vers la même époque, en 1763, Rével, directeur à Rémalard, n'avait que 130 livres d'appointements. Mais c'est lui qui avait la charge de faire remettre au château de Voré la correspondance de l'auteur de l'*Esprit*, livre qui, en 1758, souleva une véritable tempête, et fut même supprimé par arrêt du Conseil. On peut croire qu'Helvétius, seigneur de Rémalard, si généreux à l'égard de tous ceux qui l'entouraient, ne laissait manquer de rien le directeur de la Poste de Rémalard, mais que sa mort, en 1771, fut pour lui un désastre.

Les étrennes aux facteurs ont probablement la même origine que les privilèges qui leur étaient accordés par l'Etat. C'était une marque de reconnaissance de la part de ceux qui bénéficiaient des services rendus par la Poste.

Les religieux du couvent de Chartrage, près Mortagne, par exemple, qui recevaient beaucoup de lettres et de journaux, ne manquaient pas d'observer cet usage, et leurs livres de dépense en contiennent la preuve jusqu'à la Révolution (II 1938).

Des améliorations notables eurent lieu dans le service sous le règne de Louis XVI. En 1778, le sieur Vivieu, sous-entrepreneur du transport des dépêches d'Alençon à Rouen, proposa l'établissement d'un courrier qui irait et viendrait deux fois par semaine d'Alençon à Tours. (C).

La Poste en 1789

Nous allons essayer de donner un tableau aussi complet que possible, du service de la Poste aux lettres, de la Poste aux chevaux, et des Messageries, dans la région qui forme aujourd'hui le département de l'Orne, au moment de la Révolution.

Nous utiliserons d'abord les renseignements fournis par l'*Almanach Civil et Ecclésiastique du Diocèse de Sées en 1789*. Malheureusement le bureau de la Poste aux lettres d'Alençon n'y figure même pas ! De plus, cet Almanach ne fait pas mention naturellement, des localités qui alors n'appartenaient pas au diocèse de Sées, telles que Laigle, Domfront, la Ferté-Macé, Tinchebrai, Vimoutiers, etc. Nous tâcherons d'y suppléer au moyen des indications que l'on peut tirer d'autres sources.

Alençon. — En 1765 la Poste aux lettres de cette ville avait pour directeur Julien de Pruné. En 1789, nous y trouvons un sieur Dugué, qui eut le tort de se compromettre en fournissant à une dame Lombard, fabricante de point d'Alençon, le moyen de se substituer frauduleusement à un marchand d'Alençon, Leroi-Viveret, pour une commande de dentelles faite par un négociant de Londres nommé Lamy. L'intendant d'Alençon, saisi de l'examen de la plainte de Leroi-Viveret, déclara qu'il n'osait se prononcer sur cette affaire embrouillée, et qu'il s'en rapportait simplement au jugement porté sur ce directeur par Rigoley d'Ogny, intendant général des Postes, et membre du Comité pour les affaires contentieuses de l'Administration des Finances (1).

Argentan. — Mme veuve Fessard, directrice du bureau des Postes aux lettres — Départ du courrier pour Paris et villes en de çà et au delà, les Dimanche, Mercredi et Ven

(1) Lettre du 24 Août 1789 (*Ephémérides de la Mayenne Normandie et du Perche en 1785* par Louis Duval, Alençon, t. Ier. Gnr. 1885 in-16.

dredi à 8 heures du soir — Arrivée des courriers de Paris, d'Alençon et de la Bretagne, les Dimanche, Mardi et Jeudi, à 7 heures du soir. La distribution des lettres le matin à 7 heures.

— Diligences et messageries, M. Matrot, directeur.

« Le Carabas » de Caen arrive ici le Mardi à 10 heures du matin et repart à midi pour Sées et Alençon, d'où il revient le Vendredi à 10 heures, et repart à midi pour Falaise. (D).

Mercier, dans son *Tableau de Paris*, 1783-1785, a consacré au Carabas une page amusante qu'on nous saura peut-être gré de reproduire : « Qui ne connaît le majestueux Carabas, attelé de huit chevaux, lesquels font quatre petites lieues en six heures et demie de temps ! Il mène les gens à Versailles ; il renferme dans une espèce de grande cage d'osier vingt personnes qui sont une heure à se chamailler avant de pouvoir prendre une attitude, tant elles sont pressées ; et quand la machine part, voilà que toutes les têtes s'entrechoquent. On tombe dans la barbe d'un capucin ou les tettons d'une nourrice ». (Cité par le comte de Contades, *Bibliographie Sportive, le Driving en France*, 1547-1896. Paris, Librairie Rouquette, 1898 in-8°, p. 95).

Bellême. — « Bureau des Postes aux lettres, M. Garin, directeur. Départ des courriers pour Paris et autres villes, les Dimanche, Mardi, Jeudi et Samedi à 5 heures du matin. Arrivée des courriers les Dimanche, Mardi à 2 heures, et les Jeudis au soir. — Carrosse de Messageries, Mme veuve Viez, directrice.

Les diligences venant d'Angers pour Paris, les Lundi et Jeudi sont à 6 heures — Les fourgons, Mardi soir et Samedi à midi.

Carrouges. — « Bureau de la Poste, Mme veuve Vassal, directrice.

Les courriers partent et arrivent les Lundi et Jeudi.

Champrond. — Veuve Pilleux, directrice en 1774.

Domfront. — Pescheux, directeur en 1769.

Exmes. — « Cosnard, directeur du Bureau de la Poste (1).
Les lettres arrivent les Dimanche et Jeudi, à 9 heures du
matin, et partent à 2 heures après-midi. — Voitures publiques,
le sieur Le Ménager, directeur des carrosses et routes. Messageries pour Paris et route, le sieur Baroux, entrepreneur »

La Ferrière (2) — Savarrey, chargé de la distribution des
lettres depuis 1755 (Archives de l'Orne).

Laigle. — Deslandes était directeur de la Poste à Laigle
en 1761.

Longni. — La veuve Audolens, directrice à Longni en 1784,
comme ayant succédé à son mari.

Mesnil-Brout (Le). — Pierre Gallet, maître de la Poste
aux chevaux. Il figure dans la contribution patriotique du
Ménil-Brout, du 21 Mai 1790, pour une souscription de 6 livres.
En 1789, les habitants de Ménil-Brout considéraient la
Poste comme à charge à la paroisse, à cause des privilèges
dont jouissait le maître de Poste. « Une Poste assez considérable, quand elle exerce ses privilèges dans la paroisse,
lui est encore à charge, le rejet n'étant jamais proportionné
à la tenue ». (3)

Le Merlerault. — Le 22 Juin 1739, Philippe Besnouin,
sieur des Vallées, maître de la Poste ordinaire du Merlerault,
se porta garant du titre clérical constitué par François Richard Lesage, sieur du Mesnil-Hurel, gendarme de la garde
du roi, demeurant à Godisson, en faveur de son frère Guy
Louis Lesage, sieur de la Trémonderie, afin qu'il pût parvenir aux ordres sacrés (4). Le 15 Octobre 1739, demoiselle
Marie-Madeleine Girard, veuve de Ph. Besnouin, demeurant
à Laigle depuis la mort de son mari, obtient une dispense de

(1) Cosnard était chargé de la distribution des lettres depuis 1755, à
Exmes.

(2) Comme il existe plusieurs localités de ce nom, on ignore de laquelle
il s'agit ici.

(3) Cahiers de *Doléances des paroisses du bailliage d'Alençon*, publiées et
annotées par Louis Duval, p. 254.

(4) *Inventaire historique des actes transcrit aux insinuations ecclésias-
tiques de l'ancien diocèse de Lisieux*, par M. l'abbé Piel, t. III, IV, V,

bans pour épouser en secondes noces Louis-Gervais Delaunay, sieur du Theil, officier de la grande fauconnerie du roi, avocat au baillage d'Alençon, et procureur fiscal en la haute justice de Fontaine-Riant, demeurant à Sées.

Le 18 Novembre 1740, dispense de bans fut accordée pour le mariage, entre Joseph Bigault, sieur du Val, maître de Postes extraordinaire du Merlerault, fils de Guillaume et de feue Marie Besnouin, du Merlerault, et de demoiselle Marie Landon, fille de Robert Landon, protureur fiscal du marquisat de Nonant.

Joseph Bigault, maître de la Poste extraordinaire du Merlerault, fut garant, le 16 Mars 1770, de la constitution de 130 livres de rentes, par André Lefèvre, marchand au Merlerault en faveur de son fils Pierre-Charles Lefèvre, acolyte. Il avait épousé dame Marie Landon, du Merlerault. Sa fille, Marie-Françoise Bigault, obtint le 11 Février 1774, une dispense de bans pour son mariage avec Jacques-Mathurin Dunoyer, procureur du roi en la maîtrise des eaux et forêts de Perrrigné et Mamers.

En 1789, le sieur de Rochebrune était directeur de la Poste au Merlerault, réclamait sa radiation du rôle de la taille.

Le Mesle-sur-Sarthe. — Charles-Luc Morel, directeur en 1781. Dans leur Cahier de doléances, en 1789, les habitants sont durs pour la Poste aux lettres comme pour la Poste aux chevaux, dont ils tiraient pourtant de grands avantages. Ils remarquent que douze ou quatorze agents étaient affectés à la Poste aux chevaux et que le buraliste de la Poste aux lettres jouissait d'un demi-arpent sans payer la taille. « Le peuple, dit le rédacteur de ce Cahier, ne peut se persuader que ces privilèges soient accordés directement par Sa Majesté. A quel titre ? Ces messieurs sont payés et ont même des gratifications. Exempts de port de lettres, leurs peines sont soldées par mois, comme celles de l'artisan, sans essuyer les mêmes fatigues. Sous ce prétexte, ils soustraient des biens immenses et toujours à charge au peuple.

« Postes aux chevaux. Ces fermes (celles des Postes) devraient tomber de nécessité et à plus juste titre. Le produit en est immense et supérieur à l'imagination. Les avantages sont grands, puisque la Poste des chevaux est dédommagée. La jouisssance de 100 livres de ferme sans tailles, ainsi que la propriété des terres, fut-elle peu considérable, ne laisse pas de surprendre aujourd'hui. Ces fermes sont perfectionnées, les recettes florissantes : quelques modifications ne leur feront point ombrage. La Poste de ce bourg est portée, sur les anciens rôles à 6 livres ; on ne sait à quel titre elle a fait éclipse. Il est d'observation, sur cette dernière classe de privilégiés que, à l'exception du préposé, ils s'exemptent du logement des troupes.. Le maître de pension de M. notre curé propose un droit d'exemption. (1) Le gain, le plaisir, et la compagnie de M. le curé ne sont-ils rien ? »

On peut juger par là de l'esprit dans lequel quelques-uns de ces Cahiers furent rédigés.

Mortagne. — « Postes. MM. Manguin, directeur de la Poste aux lettres, Rattier l'aîné, maître de la Poste aux chevaux. Arrivée et départ des lettres. Les lettres de Paris partent les Lundi, Mercredi et Samedi à midi, et arrivent les Mardi, Jeudi et Dimanche, partent pour Paris, les Lundi, Jeudi et Samedi à midi.

« Voitures publiques, M. Le Messager, directeur des carrosses et routes. — Messageries, M. Baroux, entrepreneur.

Mortrée. — Aujourd'hui chef-lieu de canton de l'arrondissement d'Argentan, n'était alors qu'une simple Poste de relais. C'est à cette circonstance et à sa situation que cette localité dut son accroissement. Par décret du 6 thermidor an II, les municipalités d'O et de Marigny, du district d'Argentan, et celle de Bray, du district d'Alençon furent supprimées, et il fut établi à Mortrée une municipalité formée à même les territoires de ces communes. Le chef-lieu de canton, fixé à O, fut transporté en même temps à Mortrée. Les habitants de Bray, dans leur Cahier de doléances, demandent la suppression des exemptions des maîtres et maî-

(1) On est surpris de voir les habitants du Mesle apprécier si peu l'avantage d'avoir un maître de pension, à une époque où certains affirment que l'instruction était peu répandue. Celui d'avoir également dans leur bourg un Dépôt de Remonte est l'objet de critiques acerbes. La fourniture du sel et du foin, aux officiers leur paraît constituer un abus intolérable.

tresses de Postes aux chevaux « attendu qu'il y a dans cette paroisse une maîtresse de Poste qui possède, ou fait valoir de son propre, environ 30 acres de terre, sans rien payer. »

Hiérome Féron était directeur de la Poste aux lettres à Mortrée en 1759. Pierre Féron lui succéda et fut destitué par Garnier de Saintes, lors de sa mission dans l'Orne (de frimaire à messidor ean II), et fut remplacé par Sennegon-Desjardins. Cette nomination fut signalée plus tard par P. Féron au représentant du peuple Génissieu, comme contraire à la loi, attendu que Seunegou était sujet à la première réquisition et que son installation avait donné lieu à une manifestation antipatriotique, au milieu d'une escorte de jeunes gens portant des branches de chênes enlacées de rubans, et avec accompagnement de musique. (Archives de l'Orne, L 267).

Moulins-la-Marche, « M. Creveux de la Fosse, directeur de la Poste aux lettres (1). »

Noyer-Ménard (Le). — On a vu plus haut qu'en 1737, Lebled, facteur du bureau de Noyer-Ménard, se plaignait d'être obligé d'aller trois fois par semaine à Gacé pour y porter les lettres. Il paraît même que ses plaintes furent entendues du Cardinal de Fleury, qui donna des ordres pour qu'il fut exempté de la corvée. Quant à l'abbaye de Saint-Evroul, dont le courrier était souvent assez chargé, elle l'envoyait chercher par un de ses serviteurs.

On voit encore, entre le cimetière et le moulin de cette ancienne paroisse, réunie à La-Trinité-des-Laitiers vers 1821, l'ancien hôtel de la Poste. Le premier maître de Poste de Noyer-Ménard dont le nom soit parvenu jusqu'à nous, est Jacques Morard, mentionné le 12 Février 1701 dans un titre clérical en faveur de René Morard son fils. Ce patriarche mourut âgé d'environ 90 ans, en 1726 ou 1733. Il eut pour successeur un sieur Hamon. Jean Hamon, maître de Postes,

---

(1) On verra plus loin, que son frère, l'avocat Creveux, joua un rôle odieux dans le simulacre de jugement qui fut rendu contre l'abbé Marre et l'abbé Blanche par le prétendu tribunal qu'il présidait.

fut inhumé dans l'église de Noyer-Ménard le 15 Décembre 1755 (1).

Rémalard. — Bureau de Poste. Revel, directeur en 1767, comme on l'a vu.

Saint-Maurice-les-Charencey. — Bureau de Poste, Desprey, directeur en 1744, Marguery en 1789.

Sap (Le). — Boucherot, avocat, directeur en 1777.

« En 1740, le courrier des dépêches du bureau du Sap partait de Paris les Mardi et Vendredi de chaque semaine à midi, Ce bureau était desservi par la ligne de Paris à Caen, passant par Vernueil, Laigle, Le Sap, Saint-Pierre-sur-Dives et par le bureau de Noyer-Ménard pour la ligne de Rouen à Alençon. Les messagers avaient de forts mulets ou de gros chevaux, portant sonnettes et gros grelots, pour annoncer leur passage, leur arrivée et leur départ ». (2)

Sées. — Bureau de Poste aux lettres, Directeur, M. Le Maître. Poste aux chevaux, directeur, M. Hommey, Grande-Rue (3). Carrosse, M. Levain, rue de Billy, directeur du carrosse. Le carrosse de Paris à Alençon arrive à Sées tous les Mercredis à 5 heures du soir, et repart le Jeudi à 4 heures du matin pour Alençon, et se charge de tous paquets pour Paris et autres villes de la route, ainsi que pour la Bretagne, l'Anjou et la Touraine. Il revient d'Alençon le même jour coucher à Sées ; il rapporte d'Alençon tous les paquets venant de Paris et autres villes de la route pour Sées, ainsi que ceux venant de Bretagne, la Touraine, l'Anjou, le Jeudi soir. Il part de Sées le Vendredi matin à 4 heures, et se charge de tous paquets pour Caen et autres villes de Basse-Nor-

(1) *Le Noyer-Ménard, ancienne paroisse aujourd'hui réunie à la Trinité-des-Laitiers,* par M. l'abbé Dupont, Flers de l'Orne. Imprimerie Catholique 1897, in-16, p. 46.

(2) Couriol, *Histoire de la commune du Sap,* Paris E. Thenot, 1860, in-8° 221 p.

(3) M. Hommey de la Fortinière, maître de Poste, figure à la date du 20 Octobre 1788 dans la liste des huit haut taux et principaux habitants de la paroisse Saint Pierre. On sait qu'il rendit les plus grands services à Mgr Duplessis d'Argentré, lorsqu'il partit pour l'exil en 1792, en prenant toutes les mesures pour lui éviter d'être inquiété dans ce voyage périlleux et difficile.

mandie. —- Le messager de Rouen arrive à Sées tous les
Dimanches à 6 heures du soir et part de Sées pour Rouen
tous les Mardis à 6 heures du matin. Le bureau est à l'hôtel
du Cheval-Blanc, Grande-Rue.

Trun. — Poste aux lettres, Mademoiselle Le Tourneur,
directrice. La Poste arrive à Trun par Argentan les Lundi
et Vendredi soir. Les lettres repartent de Trun les Dimanches
et Jeudis soirs pour Argentan.

Vimoutiers. — Le 17 Juin 1769 une dispense de bans fut
donnée par l'officialité de Lisieux pour le mariage entre Louis
Le Boucher sieur de la Rue, et demoiselle Marie Deshayes
fille mineure d'Etienne Deshayes, maître de Poste, et de
feue Marie Dufour de Vimoutiers. Courmaceul, en effet, dans
son *Histoire de Vimoutiers* (p. 102), place vers la fin du règne
de Louis XV l'établissement d'une Poste royale à Vimoutiers,
par M. Lamare Deshayes, et en 1786 (p. 113) celui d'un
bureau de Poste dans cette ville.

Le 26 Mars 1788, les députés de l'Assemblée municipale
de Vimoutiers adressèrent aux syndics de l'Assemblée du
département d'Argentan un mémoire dans lequel ils men-
tionnent au nombre des privilégiés « M. Deshayes, maître
de Poste extarordinaire, faisant valoir ses biens propres, et
plusieurs pièces qu'il tient à ferme de plusieurs particuliers,
et le sieur Mauras, directeur de la Poste aux lettres, qui ne
fait valoir que sa maison (1). On verra plus loin que Mauras
fut nommé directeur à Vimoutiers le 23 Novembre 1792 par
le corps électoral.

La Poste pendant la Révolution

L'Assemblée nationale de 1789 en s'emparant des rênes du
gouvernement commença par mettre la main sur les Postes.
Le 11 juillet 1790 elle décréta que son président se retirerait
pardevers le Roi, pour le supplier de donner les ordres néces-
saires pour la continuation du service de la Poste aux lettres,

____

(1) *Département de l'Orne. Annuaire administratif et historique pour
l'année 1890. Partie historique* p. 159.

de la Poste aux chevaux et des Messageries. Le Roi s'empressa de sanctionner ce décret et commit, en conséquence, Claude Rigoley fils, comme adjoint en survivance de M. Rigoley père, baron d'Ogny, intendant général des Postes, rue Coq-Héron.

Le 26 août 1790. Loi portant art. 4 qu'aucun entrepreneur de voitures de transport libre, ne pourra se charger d'aucune lettre ni papiers, autres que ceux relatifs à leur service personnel et particulier ou les sacs de procès. Il est défendu à tous les entrepreneurs de voitures libres de se charger du port des lettres, journaux, feuilles à la main et ouvrages périodiques.

La proclamation du Roi du 29 août suivant contenant sanction de plusieurs autres décret de l'Assemblée nationale contient un article ansi conçu :

« Art. 5. Le tarif de 1735 et tous les règlements d'après lequels sont actuellement administrés les Postes aux lettres et les postes aux chevaux continuerait à avoir leur plenière et entière exécution. Avant cette époque et d'après les instructions que le pouvoir exécutif fournira, il sera procédé par àcoups législatif à la rectification du tarif, à celle des règlements et usages des Postes, des traités avec les offices des Postes étrangères, de l'organisation actuelle des Postes aux chevaux, aux nouveaux établissements relatif à la division actuelle du royaume et à ceux que sollicite le commerce, enfin aux améliorations et aux économies dont les services sont suceptibles. »

Le 22 août 1791, loi qui fixe le prix du transport des lettres, or et argent par la Poste, décrétée par l'Assemblée nationale législative le 17 août.

Le 3 thermidor, an III. — Loi qui fixe le prix des ports des lettres et de la Poste aux chevaux (Bull. des lois, n° 970).

Le 6 nivose, an IV. — Loi contenant un nouveau tarif pour le port aux lettres (Bull. des lois, n° 856).

Le 5 nivose, an V. — Loi contenant un nouveau tarif pour la Poste aux lettres.

Art. 18. Transport des espèces à raison de cinq pour cent pour la Poste aux lettres, payable d'avance.

Art. 19. Le port des lettres et paquets sera payé comptant.

2 nivose, an VI. — Arrêté qui défend aux entrepreneurs de voitures libres de se charger du port de lettres et ouvrages périodiques.

Le 7 fructidor, an VI. — Arrêté concernant le transport des lettres et journaux par autre voie que celle de la Poste.

Le 27 frimaire, an VIII. — Nouveau tarif de la Poste, part aux lettres (Bull. des lois, n° 3677).

Le 27 prairial, an IX. — Défense aux entrepreneurs de voitures libres de transporter les lettres, journaux, etc.

Ce luxe de règlementations tracassières, ces variations continuelles dans les tarifs correspondent évidemment à un état fiévreux. Il en résulta, en outre, pour le personnel, une énorme augmentation de travail et surtout de responsabilités. Directeurs et commis eurent alors à satisfaire les exigences des Comités, particulièrement de ceux des Recherches (1), de la Sureté générale et de Salut public, enfin des Comités révolutionnaires, bientôt établis dans toutes les communes de la République, qui plus d'une fois mirent leur complaisance et leur attachement au devoir professionnel à de rudes épreuves. Pour s'en faire une idée, il suffit de jeter un coup d'œil sur les nombreuses liasses intitulées : Surveillance de la correspondance des émigrés et deschouans, qui figurent dans l'*État Sommaire des papiers de la période révolutionnaire. Département de l'Orne, publiée* récemment.

Dès 1791, le peuple appliquant dans toute sa rigueur le principe de la démocratie absolue, comme à Athènes, prétendait nommer et révoquer à son gré les directeurs et les fonctionnaires des administrations, ainsi que les ministres du culte. C'est ce qu'on voit par les Procès-Verbaux des Assemblées électorales des districts dont il parait utile de donner ici un extrait :

District d'Alençon. Séance de l'Assemblée électorale du 30 Novembre 1792. Election du directeur des Postes de

(1) Goupil de Préfeln, député de l'Orne à l'Assemblée Nationale, fut nommé membre de ce Comité dès 1789, et fut réélu.

l'arrondissement. Premier tour de scrutin, ballotage entre Guillaume-Jean Lenoir-Dufresne, et Ferrand, marchand de vin à Alençon. Second tour : majorité en faveur de G. J. Lenoir-Dufresne.

Élection du directeur des Postes de Sées : concurrence entre Ch. Guillaume-Duparc, officier municipal de Sées, set Alexandre Dudouit, d'Aunou. Second tour : Guillaume-Duparc.

Élection du maître de la Poste de Carrouges : la veuve Vassal, directrice actuelle.

Élection du directeur de la Poste de Mortrée : concurrence entre les citoyens Féron et Lenoble, de Mortrée. Second tour : majorité en faveur de Féron, directeur actuel,

Élection du directeur de la Poste du Mesle-sur-Sarthe : concurrence entre le citoyen Toussaint, de Neuville, et Olivier Dufresne, de Montchevrel. Second tour : Olivier Defresne.

District d'Argentan, séance du 23 Novembre. Nomination des trois directeurs de la Poste aux lettres, à savoir, d'Argentan, de Vimoutiers et de Nonant. Millet, directeur à Argentan, ayant réuni 97 voix sur 101 est proclamé. Maurace, directeur de la Poste à Vimoutiers, est nommé à l'unanimité et proclamé.

District de Domfront, séance du 25 Novembre : est nommé directeur des Postes à Domfront, le citoyen Lorieux-Roculière. L'assemb ée consultée sur le nombre de directeurs des Postes à élire dans le district, arrête qu'il n'y a que celui de Tinchebray, et qu'elle ne considère La Ferté et Couterne que comme dépôts. Signard, adjudant à Tinchebray, est nommé directeur des Postes de cette ville.

District de Mortagne, séance du 25 Novembre : sont nommés : directeur des Postes à Mortagne, le citoyen Manguin, secrétaire du district ; directeur des Postes de Saint-Maurice, le citoyen Marguery, ancien directeur ; directeur des Postes de Longny, le citoyen Audolent.

Les fonctions des maîtres de Poste prirent alors nécessairement une importance considérable. Au simple relais de Ménil-Brout, Pierre Gallet entretenait, à la date du 16 septembre 1792, seize chevaux. Le 28 Avril 1793, il déclara qu'il en avait perdu quatre qu'il dut remplacer, car le 2 thermidor, an II, la municipalité de Ménil-Brout constata qu'il avait seize chevaux dans son écurie, et à son service quatre postillons.

La disette d'avoine et de fourrages, en grande partie produite par les besoins de l'armée à l'intérieur, amèna de nouveaux embarras ; il fallut faire venir de Saint-Lô onze cents quintaux d'avoine,et pour les transporter à Alençon frapper le canton d'une réquisition de charrettes (15 floréal an II). Le 2 germinal, an II, le maître de Poste du Mesle-sur-Sarthe, F. B. Olivier se plaignait de l'inexécution de la réquisition de fourrages ordonnée par l'administration pour la nourriture des chevaux de Postes, et le 5 floréal, son collègue Gallet se joignit à lui pour élever de nouvelles et vigoureuses réclamations, mais sans plus de succès. Finalement l'administration se décida, le 16 frimaire, an III, à annoncer la distribution des avoines en magasin.

Sur ces entrefaites, Gallet fut remplacé par Hardouin. La municipalité du Ménil-Brout constata, le 9 brumaire, an III, qu'il avait vingt-et-un chevaux, dont quatorze pour la Poste, et les autres pour ses diligences, auxquels il fallait à chacun dix litres d'avoine, suivant sa déclaration du 28 brumaire, an III.

A la même date, 9 vendémiaire, Broquet était toujours maître de Poste à Sées et Guillaume Duparc directeur de la Poste aux lettres (18 ventôse, an III). Deux piétons étaient attachés à son bureau. A cause « des distances à percourir, de l'excessive cherté des denrées et de la fréquence des courses » il leur était alloué 72 livres par mois (1).

On sait qu'en vertu du décret du 9 Avril 1793, la Poste aux lettres, les Messageries et la Poste aux chevaux furent réunies tous une seule et même administration, et qu'il fut arrêté que la Poste aux lettres et les Messageries seraient exploitées en régie. Quant à la Poste aux chevaux, ce service fut mis en adjudication, à l'enchère ou au rabais. Mais il fut ordonné (art. VII) que les trois services seraient faits exclusivement par les agents et préposés de la Nation. Le 8 Juin

(1) F. Mourlot. *Recueil de documents d'ordre économique, contenus dans les registres de délibérations des municipalités du district d'Alençon.* Nos 513, 515, 563, 3893, 3928, 4124, 4130, 4202, 4222, 4813, 5116, 5747, 5919.

1793, la Convention décréta un projet tendant à autoriser l'ouverture des lettres, présenté par Léonard Bourdon, d'Alençon, Bentabole, envoyé en mission dans l'Orne, en l'an pluviôse, an II, Levasseur de la Sarthe, Bazire et Jean Bon Saint-André, membres du Comité du Salut Public.

Les directeurs des Postes durant cette période eurent évidemment des moments difficiles à passer. (1) C'est ainsi qu'après le 10 Août, une dénonciation fut jetée dans la boîte aux lettres de Moulins-la-Marche, dans le but évident de faire traduire devant le Tribunal du 10 Août deux prêtres réfractaires de Mortagne, l'abbé Blanche et l'abbé Marre. D'après le récit de l'abbé Marre, les membres de la Société populaire se seraient constitués en tribunal pour juger sommairement les crimes contre-révolutionnaires, avec l'assistance du procureur de la commune et sous la présidence d'un nommé Creveux, avocat sans causes, frère du directeur de la Poste. Ce dernier, dans les sentiments étaient aussi généreux que ceux du président du club de Moulins étaient bas et cruels, eut alors le courage de faire disparaître cette pièce, base de l'accusation, exposant ainsi sa fortune, sa liberté et sa vie, pour soustraire deux prêtres au Tribunal révolutionnaire. (2)

A Sées, au contraire, en Avril 1794, une lettre, écrite d'Angleterre à sa famille, par l'abbé Crouillère, prêtre exilé pour la foi, étant arrivée au bureau de la Poste fut ouverte par l'agent national et par les membres du Comité de surveillance, qui, après l'avoir décachetée, eurent l'infamie de la

---

(1) Le 11 Janvier 1793, les administrateurs des Postes sont requis par le Comité exécutif d'avoir à le renseigner sur les correspondances venant de l'Angleterre et destinées à des particuliers. Aulard, *Actes du Comité de Salut Public* t. 1, p. 453. — Le 30 Janvier, plaintes contre les mêmes par la Commune de Paris (Ibd. t. II, p. 27). — 15 Mars. Désorganisation de la Poste aux chevaux en province signalée au Comité (Ibd. p. 370). — 17 Mars, Avis donné de l'arrestation de courriers (p. 380). — 28 Avril 1793 Établissement d'une Commission chargée de l'examen des lettres arrivant de l'étranger dans les bureaux de Poste. — 3 Juin. Conflit enstre les administrateurs du département de la Côte d'Or et le Conseil général de la Commune de Dijon (Ibd. t. IV, p. 481). — 10 Juin 1793 Dénonciation des Sections de Paris contre l'administration des Postes (Ibd. t. IV. p. 300).

(2) *Le départ pour l'exil en 1792 ou Scènes de la Révolution française à Mortagne, à Alençon, à Paris, à Rouen, dans le Perche et la Normandie, publiés d'après des Documents inédits* par M. l'abbé A. P. Gaulier. La Chapelle-Montligeon, A. R. Gaulier, 1897, petit in-8° p. 213-218.

remetre au facteur avec ordre de la faire parvenir immédiatement à son adresse. La pauvre mère reconnaissant l'écriture de son fils, ouvrit la lettre en tremblant, avec le secret pressentiment qu'elle se mettait dans le cas d'être dénoncée comme correspondant avec un émigré, et à tomber sous le coup des lois révolutionnaires. Deux heures après en effet, l'agent national et des membres du Comité, accompagnés de gendarmes, se présentaient à son modeste domicile pour réclamer la lettre. Aussitôt le père, la mère, la fille et la belle-fille du prêtre émigré furent arrêtés, conduits à Alençon et écroués le lendemain (6 floréal an ii). Traduits devant le Tribunal révolutionnaire de Paris, trois de ces infortunés furent, peu de jours après, envoyés à l'échafaud (1). Le gouvernement révolutionnaire, institué par le décret du 14 frimaire an ii, était en effet sans pitié, et il faut remarquer que les agents de la Poste aux lettres y sont nommément visés comme susceptibles au moins de la condamnation à cinq ans de fers, en cas de retard ou de négligence dans l'exezrcice de leurs fonctions.

Le 27 nivôse an ii, le représentant du peuple Garnier de Saintes, envoyé dans le département de l'Orne pour l'épuration des autorités constituées et de tous les fonctionnaires, après avoir maintenu Gouyard-Desjardins comme accusateur public, le révoqua dans la séance du soir, tenue en la chapelle du Collège, à la demande de la Société républicaine du Mesle-sur-Sarthe et d'un grand nombre de citoyens. Dans la même séance, Dupont, cafetier, fut désigné pour remplacer Renault, juge de paix, et Letourneur-Vocerie fut nommé en remplacement d'Olivier Dufresne. Dans la séance du 28, Lenoir-Dufresne, père, directeur de la Poste aux lettres d'Alençon et Courveaux furent conservés. Bonvoust, maître de la Poste aux chevaux, fut destitué et remplacé par Huquet-Duparc fils. Hubert, directeur des Messageries, fut également conservé. Tous les agents de l'administration forestière furent destitués. Un garde-marteau, Druet-Desvaux et un inspecteur Ducreux-Launay échappèrent seuls à la proscription.

(1) J. B. N. Blin. *Les martyrs de la Révolution dans le diocèse de Séez.* Paris, Blader Baral, 1876, in-8° t. II. p. 206 et suiv.

Duport, directeur de la Poste aux lettres de Sées, et Broquet, maître de la Poste, furent conservés. La veuve Vassal conserva la Poste aux lettres de Carrouges et la veuve Voisin celle de Courtomer, mais Féron, directeur de celle de Mortrée fut destitué et remplacé par Sennegou-Desjardins, comme on l'a vu plus haut.

Guillaume Jean Lenoir-Dufresne, dut s'estimer heureux d'avoir été épargné par le représentant du peuple en l'an ii. L'épuration faite par Génissieu, après le 9 thermidor, mais dans un sens opposé, ne lui fut pas plus défavorable. Il avait la réputation d'être un honnête homme et sa famille était très-estimée à Alençon. Il avait un frère aîné, Daniel, issu comme lui du mariage de Jean Lenoir, sieur du Fresne, marchand, demeurant près de la porte de Sées, faubourg Saint-Blaise, et de Marie Richer, marchande de point, né le 25 Mars 1741. Guillaume-Jean était né le 3 juin de l'année suivante. Les deux frères, après s'être initiés à la pratique du commerce, étaient entrés dans la carrière qu'avait honorablement parcourue leur père, comme on le voit par les actes de mariage de l'un et de l'autre. Daniel avait épousé le 21 Juillet 1761 Charlotte Marguerite de Courdemanche, fille de Charles de Courdemanche, orfèvre, et de Charlotte Normand, marchande de point. De ce mariage naquit le 24 Juin 1768 Jean-Daniel. Guillaume qui, lors de la formation des bataillons de volontaires, prit un engagement, fit plusieurs campagnes et prit part à plusieurs batailles. La mort de son père, établi à Paris comme marchand de draps, rue Montorgueil, lui fit quitter le service pour s'occuper de la direction de cette maison de commerce, et de l'administration de la fortune assez belle qu'il avait laissée. C'est alors qu'il se rencontra, quelque temps après le 9 thermidor, avec François Richard, avec lequel il devait bientôt s'associer pour la fondation de la maison Richard-Lenoir.

Jean-Daniel-Guillaume, mourût prématurément le 6 Avril 1806, mais son nom honorablement connu, continua à figurer sur le titre de la maison, comme une garantie de sa solidité, au milieu de la lutte patriotique que Richard soutint vaillamment jusqu'à la fin de l'Empire, contre l'Angleterre, pour le relèvement de notre industrie nationale. La liquidation de la Société fut d'ailleurs des plus difficiles puisqu'elle se poursuivait encore en 1832 et que finalement son ancien associé Richard, dit Richard-Lenoir mourut insolvable après avoir été plusieurs fois millionnaire.

Quant à Guillaume-Jean Lenoir-Dufresne père, qui nous intéresse surtout, nous ignorons à quelle époque il avait cessé ses fonctions de directeur de la Poste. On ne lui donne pas cette qualité, mais celle de marchand, dans l'acte de mariage de Guillaume-Jean Lenoir. Dufresne son fils, né le 21 Janvier 1772, qui épousa, le 20 fructidor an 11, Marthe-Céleste Lenoir-Dufresne, fille de Jean-Daniel et de Marie-Madeleine Gousde-Desfriches, demeurant rue de la Fraternité.

Guillaume-Jean Lenoir-Dufresne père habitait alors la section de la Raison, et celui de ses fils portant le même prénom que lui, la section de l'Égalité.

Des chagrins domestiques troublèrent sa fin. En l'an VIII, une action en divorce pour cause d'incompatibilité d'humeur de caractère fut intentée contre lui par Madeleine-Marie de Courdemanche sa femme, et une ordonnance fut rendue en faveur de la demanderesse le 17 thermidor an VIII, par le citoyen Le Pelletier, l'un des adjoints à la mairie. La procédure fut longue. A toutes les citations qui lui furent adressées, il fit défaut. Le divorce fut seulement prononcé le 2 brumaire an X, par Henri-Jean Savary, maire d'Alençon, en conformité de la loi du 20 Septembre 1792. Il se retira alors rue du Moulin de Lancrel où il mourut le 14 Janvier 1811. Dans son acte de décès, il est simplement qualifié ancien marchand, homme divorcé. G. J. Lenoir-Dufresne fils, que l'on pourrait confondre avec son père, si l'on n'avait pas sous les yeux les actes de l'état civil de ces deux personnages, est désigné comme directeur de la Poste dans l'acte de naissance de Justine-Louise-Charlotte, sa fille, du 10 prairial an IX. A cette date, sa résidence, c'est-à-dire probablement le bureau de la Poste, était Place du Cours. Dans l'acte de naissance de son autre fille Lucie-Marie-Gabrielle, du 27 floréal an X, au contraire, son domicile est marqué rue du Jeudi. (E).

La carrière de celui-ci parait avoir été aussi heureuse que celle de son père avait été agitée. Nous avons d'abord le plaisir de trouver son nom dans la liste des membres résidants du Lycée des sciences, lettres et arts d'Alençon qui fut imprimée à la suite de l'arrêté pris par cette Société, alors en formation, dans sa séance préparatoire du 11 prairial an VII (28 Mai 1798), avec celui du citoyen Beaufils, commis de la Poste. Ce choix était d'autant plus flatteur que le nombre des membres résidants avait été limité à soixante. Mais n'était-ce pas par la Poste, comme dit l'abbé Gautier, dans son *Supplément à l'Histoire d'Alençon* (1821), qu'arrivaient à la librairie de l'ancienne porte de Sées, voisine de la Poste, « les journaux quelquefois libres, quelquefois enchaînés, les gravures antiques ou modernes, religieuses et profanes, édifiantes et polissonnes, pêle-mêle avec les correspondances privées ? » Il est évident que le directeur et le commis de la Poste, tout en remplissant avec exactitude leur service, pouvaient sinon suivre de près le mouvement des idées du jour, au moins en avoir quelque idée et, par là même, rendre quelques services au Lycée des sciences, lettres et arts d'Alençon. Cette Société offrait d'ailleurs à ses membres l'avantage d'avoir à leur disposition un Cabinet littéraire, dans lequel on trouvait journaux et livres nouveaux.

Le programme d'une des séances publiques tenues par cette Société le 20 nivôse an VIII, nous donne une idée des agréments qu'on pouvait y rencontrer. La séance s'ouvrit à 3 heures de l'après-midi par un morceau de musique, l'Ouverture du *Jeune Henri*, au risque de blesser quelques oreilles républicaines, en raison des allusions royalistes que Bouilly y avait répandues et qui dailleurs n'avaient pas nui au succès de l'œuvre musicale de Méhul, au contraire. Le secrétaire donna ensuite lecture d'une lettre adressée au Lycée, le 26 vendémiaire, par le Ministre de l'Intérieur. Des comptes rendus sur les travaux de la Société furent lus par Hébert d'Hauteclair pour la section des Sciences, par Dumesnil, commissaire des guerres, pour la section des Lettres, et par Fresnais d'Albert peintre, professeur de dessin à l'École Centrale de l'Orne. pour la section des Arts, (1) On entendit

<hr>

(1) Dans la séance du 9 thermidor an VII la Société avait entendu la lecture d'un rapport au nom d'une Commission chargée de présenter un plan de Description générale du département de l'Orne, par le citoyen Mars,

ensuite la lecture d'un mémoire sur le Galiénisme, par le citoyen Duval, probablement Henri-Auguste Duval, né à Alençon le 22 Avril 1777, reçu docteur en médecine à Paris en 1808. Laigneau-Duronceray avocat au barreau d'Alençon, membre du jury central d'instruction publique, prononça un discours éloquent sur les cérémonies funèbres chez les différents pueples, dans lequel, s'inspirant des grandes idées que Chateaubriand devait développer, deux ans plus tard, dans son *Génie du Christianisme*, il déclare, au nom de l'association« qu'il rejette loin de lui toute opinion, tout système qui tendrait à suggérer le moindre doute sur l'existence de Dieu, et à relâcher ainsi les nœuds sacrés qui unissent l'homme à l'homme, en arrachant à la morale son plus fort et son plus noble appui ». Il s'éleva avec énergie contre l'usage qui s'était établi alors depuis l'interdiction, en fait, du culte, de supprimer toute dignité et même toute décence dans les convois funèbres. « Tant que je ne verrai pas les enfants d'un bon père, l'époux d'une femme vertueuse suivre religieusement les restes d'un objet qui dut leur être cher jusqu'au tombeau qui doit le recueillir, le cœur déchiré et les larmes aux yeux, je m'éleverai contre l'immoralité qui a gangrené toutes les âmes... Puissent ces réflexions inspirer au Gouvernement, qui sent le besoin de régénerer les mœurs en France, le vif désir d'y voir se rétablir bientôt l'usage des cérémonies funèbres ! Car c'est aussi par là qu'un peuple doit signaler son retour à la vraie morale, seule base inébranlable de la félicité publique ».

Après ce très-beau et très-grave discours de Laigneau-Duronceray (1), on entendit un mémoire de Barthélemy, ingénieur des Ponts et Chaussées, sur la fabrication des toiles d'Alençon, si renommées à cette époque par leur blanchiement et leur perfectionnement. Louis Dubois, professeur

suivi d'un arrêté adopté par la Société dans la même séance et imprimé par son ordre, Alençon, de l'Imprimerie de Malassis fils du jeune, rue du Mans.

La description abrégée du département de l'Orne, rédigée par le Lycée d'Alençon parut en l'an ix. (Paris, Imprimerie des Sourds et Muets, in-8° 36 p.il porte la signature de Mars. J'ai consacré une notice à Antoine-Jean-Marie Mars dans mes *Ephémérides de l'an VIII*, p. 116-123.

(1) Sur Laigneau-Duronceray voir *Ephémérides de l'an VIII*, p. 109-116.

à l'École Centrale de l'Orne et bibliothécaire, lut ensuite son *Voyage à Mortain*, opuscule en prose et en vers, dans lequel il s'efforce péniblement d'imiter la légéreté et la causticité de Voltaire. La séance fut terminée par l'exécution de la *Marche des Tartares* (1).

L'existence de cette Société du Lycée est à peine connue et il nous serait même impossible de dire quelle part le directeur et le commis principal de la Poste prirent à ses travaux. Mais il nous a semblé que l'inscription de leurs noms parmi ses associés n'était pas un fait indifférent, et que, en conséquence,il pouvait prendre place dans une histoire anecdotique de la Poste à Alençon, parce qu'on y trouve une preuve de la haute considération dont jouissait le personnel pendant la longue période où plusieurs des membres de la famille Lenoir-Dufresne fut à sa tête.

La Poste depuis la Révolution jusqu'après 1830

Sous le Consulat et sous l'Empire les employés des Postes et des Messageries furent encore soumis à de rudes épreuves. Le terrible Cabinet noir (2) fonctionna alors mieux que jamais. Mais l'affaire du Quesnay, si bien racontée par Léon de La Sicotière (3) et par G. Lenôtre (4), est un épisode sur lequel nous sommes forcés de nous arrêter.

Les Messageries d'Alençon avaient alors pour directeur M. Hubert. « L'Hôtel des Messageries dont l'arrivée est spacieuse et qui forme une très belle rue » dit l'abbé Gautier, était situé à l'entrée de la rue de Cazault. Le 6 Juin 1807, Hubert reçut une réquisition du receveur général de l'Orne, M. Décrès pour le transport à Caen de cinq lourdes caisses contenant en écus ou en monnaie de billon 33.489 fr. 92

(1) J'ai dû la communication de la plus grande partie des pièces imprimées relatives à la Société du Lycée à l'amitié de M. Wilfrid Challemel, vice-président de la Société historique et archéologique de l'Orne et je suis heureux de l'en remercier ici.

(2) V. l'ouvrage du Cie d'Hérisson : *Le Cabinet noir*, Préface.

(3) *Louis de Frotté et les insurrections normandes* par L. de La Sicotière, t. II, p. 673-680.

(4) V. V. *Chroniques Normandes au temps de l'Empire, Tournebut 1804 1809*, par G. Lenôtre.

centimes qu'il avait fait lui-même charger, la veille au soir,
sur un chariot, dans la cour de sa maison, rue de Bretagne.
Hubert fit atteler trois chevaux au chariot sous la conduite
de Jean Gousset, voiturier, et avec l'escorte de deux gendarmes. On coucha à Argentan, à l'Hôtel du Point de
France, où un garçon d'écurie nommé Gautier, dit *Bois-
mal*, donna avis du départ du chariot aux brigands apos-
tés dans le bois du Quesnay pour guetter son passage.
Le chariot reçut à Argentan une sixième caisse contenant
33.000 fr., remise par le receveur particulier, M. Larroc.
Il fallut atteler un quatrième cheval et renforcer l'escorte
d'un troisième gendarme. Malheureusement, les gendarmes
furent retenus à Falaise, par le service de la révision qui
avait lieu ce jour là. L'arrestation du chariot eut ainsi lieu
sans combat, l'escorte ne se composant que d'un seul gendarme qui se rendant en permission dans sa famille avait
consenti à accompagner le chariot et le suivait d'assez loin.
Il se conduisit d'ailleurs bravement, alla donner l'alarme au
relais de l'Anganneric et revint à la charge sur les brigands,
qui avaient forcé le voiturier de faire entrer le chariot dans
un chemin couvert, pour avoir le temps d'ouvrir les caisses
et de s'emparer du trésor. Il eut le bras cassé d'un coup de
feu.

La Cour de justice criminelle et spéciale de Rouen eut à
juger une quarantaine de prévenus, rassemblés de tous côtés,
parmi lesquels on trouve, non sans surprise, l'ancien agent
national du district d'Alençon, J. G. Chauvin, que nous
avons vu figurer à la fête de l'Être suprême. Il fut impliqué dans cette affaire, pour avoir eu simplement des rapports
d'intérêt avec l'oncle d'un des principaux accusés, Armand-
Victor Le Chevalier, dit le *Chevalier de Saint-Arnoul*, du
nom d'une propriété qu'il possédait à Saint-Arnoul, près
d'Exmes. M. de Grimon, directeur du Haras, faillit être com
promis pour le même motif. Le Chevalier, qui lui-même n'avait
pris aucune part à l'affaire du Quesnay, fut réservé pour une
Commission militaire, comme impliqué dans un complot
en vue du débarquement du duc de Berry. Ce fut en vain
que Charpentier fils, notaire à Exmes, tenta de le faire enlever
lors de son transférement à Caen. Il fut écroué le 16 Août

1807, à la Tour du Temple, d'ou il réussit d'ailleurs à s'échapper, avec la complicité de la police qui espérait tirer de lui des moyens d'atteindre quelques chefs de l'opposition royaliste. Condamné à mort le 9 Janvier 1808, il fut fusillé le même jour au mur de la barrière de Grenelle.

C'est dans la paisible rue Cazault, point de départ du chariot des Messageries d'Alençon et des hommes qui l'escortèrent jusqu'au bois du Quesnay, que vécurent et moururent plusieurs descendants de J.-G. Lenoir-Dufresne fils, décédé le 23 Septembre 1851, à l'âge de 79 ans, laissant neuf enfants de son mariage avec Marthe-Céleste Lenoir-Dufresne, sa cousine, dont Guillaume-Jean-François, né le 10 vendémiaire an XIV, directeur départemental des Postes, décédé en son domicile, rue Cazault n° 77, célibataire, le 2 Juillet 1874.

Guillaume-Jean-Adolphe, né le 16 Janvier 1813, docteur en médecine, est mort dans la même rue, n° 62, le 25 Novembre 1886.

Les renseignements que l'on peut cueillir dans les procès verbaux du Conseil général de l'Orne, sur le service des Postes, sont peu nombreux, mais non dénués d'intérêt.

« Les villes d'Alençon et de Mortagne, lisons-nous dans le procès-verbal de la séance du 19 Juillet 1825, se plaignent de ce que le service des Postes avec la capitale n'est pas assez fréquent, et que cet état de choses nuit à l'activité du commerce. Quelques lignes (1) intermédiaires pourraient être établies et procurer à ces deux villes l'avantage qu'elles convoitent ». Dans la même séance, le Conseil entendit un rapport sur les retards dans le transport et la distribution des dépêches confiées à la Poste. Pour assurer l'exactitude des agents, il demanda qu'on fit frapper les dépêches, au départ et à l'arrivée de chaque courrier, d'une double estampille.

Notons encore que le 10 Septembre 1828, le Conseil examina une proposition faite à la Chambre par M. Charles Sapey, député de l'Isère, à l'effet de faire distribuer à domi-

---

(1) On appelait *lignes* les divisions établies par l'administration des Postes pour son service. En 1831, M. Monnet était inspecteur de la 25ᵉ ligne en résidence à Alençon.

cile les lettres, dans les campagnes, par des facteurs auxi-
liaires qui seraient établis à cet effet. Cette proposition fut
rejetée par les motifs suivants :

« 1° Les habitants des campagnes qui ont des correspondances habituelles préféreront envoyer chercher leurs lettres,
afin de jouir du service quotidien, tandis qu'ils ne les rece-
vraient que de deux jours l'un.

« 2° Le mode proposé ne paraît pas présenter les garanties
suffisantes, tant pour l'exactitude de la remise des lettres
que pour la sûreté.

« 3° L'augmentation de 10 centimes du port de lettre serait
une surcharge pour les particuliers, et tendrait, en même
temps, à diminuer les produits ; et ce double inconvénient
n'est compensé par aucun avantage réel.

« Par ces motifs, le Conseil Général est d'avis que l'administration des Postes paraît avoir atteint dans son service
la perfection dont il est susceptible, et que la proposition
dont il s'agit ne peut être approuvée. »

Le 13 mai 1827, une loi avait établi un nouveau tarif de
la Poste aux lettres.

En vertu d'une ordonnance royale en date du 11 janvier 1829, un nouveau mode de service pour les lettres recom-
mandées arrivant de Paris fut alors inauguré, et le 3 juin de
la même année, une loi établit un service de Poste régulier
dans toutes les communes du royaume à partir du 9 avril 1830.
Cette mesure fait assurément honneur au gouvernement de
la Restauration.

A cette époque M. Pillet, chevalier de la Légion d'honneur, était chargé de la direction de la Poste d'Alençon.

Après 1830, M. Lorrin, fut nommé directeur, M. Bonvoust, deuxième commis en 1828, fut nommé sous-inspec-
teur. Trois commis étaient en 1831, attachés à la direction
d'Alençon, M. Guillemin, M. Augée et Lion. Les facteurs
étaient au nombre de trois.

En 1835, M. Gauvinet directeur comptable des Postes de
la Charente-Inférieure, fut appelé à la direction de l'Orne,
en remplacement de M. Lorrin. En 1837, M. Lelièvre, ins-

pecteur à Alençon, fut nommé directeur à Vannes et fut remplacé par M. Fesneau, inspecteur à Guéret.

Nous avons constaté d'ailleurs avec surprise que l'article concerné à l'Administration des Postes dans l'*Annuaire du département de l'Orne pour* 1831, Alençon, Imprimerie Poulet-Malassis, Place d'Armes, ne donnait pas le tableau complet des Bureaux établis dans le département à cette date. Ce tableau, en effet, (pp. 31, 32), ne mentionne que vingt Bureaux. Par bonheur, la liasse relative au personnel des Postes que renferment les Archives départementales (série M.) nous met à même de combler quelques-unes de ces lacunes :

Argentan. M. Millet, directeur.

Bellême. Mme La Bassière, directrice, nommée le 3 Novembre 1828 en remplacement de Mlle Levasseur.

Carrouges. Mme Pichon, directrice, remplacée en 1832 par M. Luc Vassal.

Couterne. M. Bignon, distributeur, nommé directeur le 29 Décembre 1827.

Domfront. M. Roger La Roche.

Flers. M. Jean-François Duval, nommé directeur le 11 Mars 1829, en remplacement de Mme Talende.

Gacé. M. Forcinal, directeur le 23 Février 1830, en remplacement de M. Leschevin de Prévoisin, demeurant aux Batignolles.

La Ferté-Macé. M. Bodey, admis à la retraite en 1845 et remplacé par M. Vigreux, directeur à Briquebec.

Laigle. M. Cafféry, nommé plus tard directeur à Pont-l'Evêque et remplacé par M. Dusouech, qui lui succéda dans ce dernier poste en 1843, lorsqu'il fut admis à la retraite.

Longny. Mlle Marchand.

Le Mesle-sur-Sarthe, Mlle de Lavalette (Aline-Alphonsine), fut nommée directrice le 3 oct. 1835, en remplacement de Mlle de

Lavalette aînée (1), nommée au bureau de Poissy, le 28 février 1838 et remplacée par Mlle de Plas.

Mortagne. M. Rojeard.

Mortrée. M. Lemarié.

Moulins-la-Marche. M. Hurel-Maupetit.

Nonant. M. Boisard admis à la retraite en 1839 et remplacé par M. Chérade-Villard, commis à Vannes.

Putanges. M. F. Ambroise-Arsène Lejeune, distributeur fut nommé le 22 Janvier 1827, en remplacement de Mlle Pauline Dupont.

Rémalard. M. Huberson, directeur, nommé le 19 Février 1828, en remplacement de son père.

Saint-Maurice-les-Charencey. Mlle Marguery.

Le Sap. M. François-Isidore Cally, directeur, nommé le 26 Août 1836, en remplacement de M. Bouvry. M. Cally démissionnaire en 1845 fut remplacé par Mlle Bataille.

Seés. M. Guillaume-Duparc.

Tinchebray. Mlle Yver-Durand, admise à la retraite en 1845, et remplacée par Mlle Mérouvel.

Vimoutiers. M. Pichonnier.

Je ne crois pas nécessaire de poursuivre plus loin le dépouillement des Annuaires et des documents administratifs conservés à la Préfecture de l'Orne, relatifs au personnel des Postes. (F). Je pense que cet aperçu pourra donner une idée suffisante de l'organisation du service dans la première moitié du xixe siècle. La suite appartient à l'histoire contemporaine. Il est évident que l'administration des Postes est plus à même que qui que ce soit d'entreprendre cette tâche, et en même temps de compléter la nôtre.

(1) Ces deux demoiselles appartenaient-elles à la famille du comte de Lavalette qui, comme on sait, à la première nouvelle du débarquement de Napoléon, se présenta le 20 mars 1815, accompagné de Sébastiani, dans le cabinet du directeur des Postes et lui déclara qu'au nom de l'Empereur il prenait possession du service et arrêta l'envoi du *Moniteur* contenant un décret qui ordonnait de courir sus à l'usurpateur ? C'est possible. On sait quels furent pour le comte de Lavalette les conséquences de cet attentat et comment, le dévouement de Mme de Lavalette, lui permit d'échapper à l'échafaud, et plus tard, obtenir sa grâce du roi Louis XVIII.

APPENDICE

———

A

Si la marquise de Sévigné passa par Alençon, ce ne fut pas en tout cas en voiture de poste, car, dit M. le comte Gérard de Contades, elle n'avait pas assez de dédain pour les nouvelles voitures publiques, ces diligences où voyagèrent pourtant et le marquis de Sévigné et la comtesse de Grignan elle-même. « Il me semble, écrit-elle le 26 juillet 1677 que c'est une chose toute désassortie que de porter dans cette diligence, que tous les diables emportent, une langueur amoureuse, une amour languissante. Le moyen d'imaginer qu'un état si propre à passer le jour dans un bois sombre, assis au bord d'une fontaine, ou bien au pied d'un hêtre, puisse s'accommoder du mouvement immodéré de cette voiture ? Il me paraît que la colère, la furie, la jalousie, la vengeance seraient bien plus convenables à cette manière d'aller. » — Dans sa lettre du 18 août suivant, elle y revient encore : « ...Au reste je ne m'en dédis pas, j'ai vu passer la diligence, je suis plus persuadée que jamais qu'on ne peut point languir dans une telle voiture et pour une rêverie de suite, hélas ! il vient un cahot qui vous culbute et l'on ne sait plus où l'on en est ». (Comte G. de Contades. *Bibliographie sportive. Le Driving en France*, p. 29).

B

La Vie et opinions de Tristram Schandz, publiée en 1759, contient des anecdotes amusantes et quelques curieux dictons du temps relatifs à la Poste en France. On lit par exemple au chapitre XXXVIII du livre III : « Il y a toujours, dans une voiture française, quelque chose qui va mal à la sortie de chaque poste.

« Un postillon français ne saurait faire un quart de lieue sans avoir besoin de descendre. »

Chapitre XXXIV : « Montreuil, en ce moment, possède une merveille : c'est la fille du maître de poste... Quand vous passerez par Montreuil, vous pourrez la voir par votre portière tandis que vous changerez de chevaux. »

Chapitre XLVI : « Sommeil dérangé : « Fussiez-vous dans la disposition la plus heureuse pour dormir ; fussiez-vous assuré de pouvoir dormir l'espace de vingt lieues sans ouvrir l'œil une seule fois, l'obligation de payer qui revient à chaque poste et la nécessité de fouiller dans votre poche, pour en tirer, sou par sou, 3 livres 15 sous, sans compter les guides, s'opposent tellement à l'envie que vous en auriez que (quand il irait du salut de votre âme) il vous est impossible de dormir plus de deux lieues de suite ou de trois au plus, en supposant qu'il y ait poste et demie ».

Chapitre L : « S'il existe dans le monde une plainte absurde et ridicule surtout dans la bouche d'un voyageur, c'est celle que j'entends faire tous les jours, que la Poste ne va pas en France aussi vite qu'en Angleterre : tandis que, tout bien considéré, elle y va beaucoup plus vite. En effet, si l'on calcule la pesanteur des voitures françaises, avec l'énorme quantité des bagages dont on les charge dessus, devant et derrière, si l'on considère ensuite les petites haridelles qui les traînent et le peu que ces haridelles ont à manger, il y a de quoi s'étonner que l'on avance de quelques pas. »

La Poste et les Postillons ont pris une place de plus en plus grande dans la littérature au fur et à mesure que les moyens de communication se sont multipliés. Montaigne a consacré aux Postes le XXII⁰ chapitre du livre II des *Essais*, comme on l'a vu. Du Bartas dans son poème de la *Semaine*, admiré par Goethe, se qualifiait lui-même « Postes de Dieu » et « Postillon d'Æole ». Le vendredi 9 août 1680 la troupe de Guénegaud représenta, à la suite de la tragédie de *Bérénice*, par Racine, les *Carrosses d'Orléans*, comédie en un acte et en prose, par Jean de La Chapelle. En 1684, Noël Le Breton, sieur de Hauteroche, fit représenter *Le Cocher supposé*, comédie en un acte et en prose. Paris, Pronié, 1685, in-12.

Les gazetiers pour attirer l'attention sur leurs productions, prirent le même nom. En 1733, François Bruys, réfugié à Utrecht, fit paraître le *Postillon françois, ouvrage historique, critique, politique, moral, littéraire et galant*, dont la publication se poursuivit jusqu'en 1736 ; en 1739, un autre réfugié, Joseph Duchesne de Francheville, lança à Bruxelles, le *Postillon françois*, qui, hélas! ne devait pas avoir plus de durée.

Le monologue du *Postillon*, moitié prose, moitié vers, apparaît pour la première fois dans le Chansonnier français, en 1760. Ce Postillon est censé accompagner un officier monté sur un cheval qu'il doit ramener à la poste précédente. M. le comte de Contades l'a cité en entier. Il est assurément plus intéressant, comme spécimen de l'argot spécial et des habitudes des postillons que l'*Histoire de M. Guillaume*, cocher, par le comte de Caylus, publiée en 1750, et qui avait eu une grande vogue.

Dès 1777 on imprimait à Londres un journal anglo-français, *Le Courrier de l'Europe*. La Révolution de 1789 donna naissance à une foule innombrable de feuilles politiques qui prirent les noms de *Courrier* d'Avignon, de Bordeaux, de Brabant, de France et de Brabant, de Versailles. La *Petite Poste de l'Assemblée Nationale*, fit son apparition la même année. En 1790 le *Postillon de Henri IV* fut suivi de près par le *Postillon de l'Assemblée Nationale* et le *Postillon extraordinaire*, etc.

C

En 1787, suivant acte passé devant les notaires du Roi et de Monsieur, à Alençon, en date du 5 avril Louise Radot, veuve du sieur Jacques Duval, directrice des Messageries royales d'Alençon, pour MM. de Nanteuil frères, demeurant rue d'Enfer, près du Luxembourg à Paris, fermier des dites Messageries royales, et subrogé aux droits à Alençon des fermiers généraux, bailla à ferme pour trois ans, à commencer du 1er avril 1787 et finir au 31 mars 1796, à François Le Sec, commissionnaire et à Charlotte Léveillé son épouse, demeurant à Villaine-la-Jubel, du droit de la Messagerie royale d'Alençon, par la Poôté, Villaine, Avorton, Courcité, Loufougères, Bais, Champ-Genetteux, Ardanges, Cranne et Gesvres, tous petits bourgs et bourgades qui ne peuvent être desservis qu'avec des chevaux de bât, pour arriver le mercredi à Alençon sur les 4 heures du soir et repartir le jeudi.

Pour conduire ces voitures par les dites routes, tous voyageurs, paquets, malles, caisses, ballots et bagages.

Le présent bail fait moyennant le prix et somme de 48 livres de loyer par an, a payer aux dits sieurs de Nanteuil ou préposés en leur Bureau général d'Alençon ès-mains et sur quittances de la dite dame Duval leur directrice, de quartier en quartier et par avance et pour faisance passeront au dit sieur de Nanteuil, six perdrix grises aux Rois et six poules à Carnaval de chaque année.

(Document Communiqué par M. Marcel Voisin).

D

La Révolution ne paraît pas avoir rendu plus régulière et plus accélérée la marche de l'antique et majestueux carabat ou carrabat qui en 1790, au rapport d'Eugène Chapus (*Le Turf ou les Courses de Chevaux*, 1854), de Paris à Versailles « faisait quatre lieues en six heures et demie de temps. » Nous en trouvons la preuve dans la requête qui fut présentée le 14 avril 1792, par les officiers municipaux d'Argentan pour remontrer que « nonobstant les conditions acceptées par la Société des Messageries, elle n'entretenait, sur la route de Caen à Alençon, qu'une lourde voiture mal couverte, très incommode, traînée par quatre chevaux qui n'allaient qu'au pas ; manière de voyager extrêmement préjudiciable au public qui perdait beaucoup de temps et se voyait contraint à beaucoup de dépenses. » Ils demandaient qu'il fût ordonné aux adjudicataires, conformément au cahier des charges, « d'établir

sur la route de Caen à Alençon une diligence à quatre chevaux,
pour partir aux jours et heures que l'on jugerait convenables. »

Le nom de marquis de Carabas imposé d'ailleurs par Perrault
à l'un des personnages du Chat botté, caractérise donc très bien
le ridicule chansonné par Beranger.

Le comte Gérard de Contades dont les amis des arts et des lettres,
dans l'Orne, regretteront longtemps la perte a consacré au Driving
en France et particulièrement aux voitures en Basse-Normandie,
à la fin du XVIII° siècle, des monographies auxquelles nous avons
fait plus d'un emprunt: Berlines, Cabriolets, Calèches, Carrioles,
Chaises de poste, Chariots, Désobligeantes, Diligences, Dormeuses,
et ont été par lui passés en revue et décrits, avec illustrations et
textes à l'appui. Il nous apprend, par exemple, qu'en 1788, on
trouvait à vendre, au château de Mathan, une chaise de poste
doublée de velours de soie cramoisi, avec ressorts à l'écrévisse et
avant-train qu'on ôtait à volonté.

En 1786 on trouvait à Falaise, Grande-Rue, chez Monin, sellier,
au prix de 1.555 francs une Diligence anglaise à deux places, de
hasard, doublée en drap vert, le corps de la caisse doré, à quatre
places, avec une timonnière.

A Caen, rue Froide, en 1789, le sieur Moncel avait à vendre une
Diligence anglaise à quatre places, montée sur ressorts en C, garnie
de drap blanc, les brancards ferrés sur les quatre côtés, peinte en
vert, les corps dorés, la petite ferrure en noir et le train en vermillon.
(*Revue Normande et Percheronne illustrée*, 1892. — *Les Attelages
d'autrefois*. — Tirage à part avec un Appendice intitulé *Les
Voitures en Basse-Normandie au XVIII° siècle* ; in-18 jésus. Paris,
Honoré Champion, 1892, 21 pages).

E

Guillaume-Jean Lenoir-Dufresne, né à Alençon, le 25 janvier 1772,
avait été nommé directeur des Postes, à Alençon, le 15 frimaire
an III (5 décembre 1794). Il remplit ces fonctions jusqu'au 15 août
1815. Sa pension fut liquidée par ordonnance royale du 6 septembre
1816, avec jouissance à partir du 1er janvier de cette année. Le
14 janvier 1841, le Conseiller d'État, directeur de l'Administration
des Postes, lui délivre un certificat qui constate « que pendant le
cours de son activité, il a constamment montré de l'aptitude au travail, de l'activité et du zèle, et que ses garanties morales n'ont été
l'objet d'aucune défaveur. »

(Documents communiqués par M. Marcel Voisin).

F

J'ai laissé de côté dans cette étude l'histoire de la Télégraphie dans l'Orne, parce que ce service était autrefois distinct de celui de la Poste et parce qu'il a été traité par MM. Louis Barbey et Henri Tournoüer, dans le *Journal de l'Orne* de novembre 1901 au 8 février 1902 et dans le *Bulletin de la Société Historique de l'Orne*. J'ai moi-même d'ailleurs consacré un article au Télégraphe d'Habloville dans la *Revue Normande et Percheronne illustrée*, année 1895 (p. 219-220).

Il est peut-être bon de rappeler que jusqu'en 1850, la Télégraphie ne servit en France qu'à la transmission des correspondances officielles. On lit dans une lettre de l'administration des télégraphes, en date du 27 juillet 1848, à la municipalité d'Alençon qui se trouva alors en conflit avec le commissaire du Gouvernement provisoire dans le département de l'Orne, au sujet de la communication des dépêches du chef du pouvoir exécutif, relatives aux évènements de Paris, la déclaration suivante :

« Alençon n'est pas du nombre des villes qui reçoivent les dépêches télégraphiques, soit directement, soit transmises utilement des directions principales, par la poste et par estafettes.

« Vous n'avez donc pas dû recevoir de dépêches télégraphiques si ce n'est quelques dépêches confirmatives expédiées directement par la Poste. »

C'est ainsi que la dépêche du 24 juin qui annonçait l'arrivée de nombreuses gardes nationales à Paris pour le rétablissement de l'ordre, affichée le lendemain dans tous les départements voisins, était encore inconnue des habitants d'Alençon le surlendemain.

(Archives de l'Orne, série M. Correspondance du Commissaire du Gouvernement en 1848).

On voit par là qu'en 1848, lors même que l'intérêt de la République l'exigeait, Alençon n'était pas plus favorisé pour la communication des dépêches venant de Paris que sous l'ancien régime au temps des Intendants.

Alençon. — IMPRIMERIE ALENÇONNAISE (Association Ouvrière), 11, rue des Marcheries.